이 책의 주인은

_____ 초등학교 _____ 학년 _____ 반

_____ 어린이입니다.

글 유지화

문학을 공부하고 싶다는 꿈을 오래 간직했습니다. 고등학교를 졸업한 뒤 20년 만에 들어간 대학교에서 문예창작을 공부하고, 대학원에서 평론과 국어국문학 석·박사 학위를 받았습니다. 지금은 서울교육대학교와 국민대학교에서 학생들을 가르치며 계간 〈시조생활〉의 편집장으로 활동하고 있습니다.

어린 시절 자신을 도와주었던 분들에 대한 고마움을 간직하고, 그에 보답하는 마음으로 아이들에게 글쓰기를 가르치는 일을 꾸준히 해 왔습니다. 좋아하는 문학 작품에 대해 이야기하고 함께 글을 쓰는 시간이 더할 나위 없이 행복하다고 합니다. 아이들이 글쓰기의 즐거움을 충분히 느끼며 자라나길 바라는 마음으로 이 책을 썼습니다.

쓴 책으로 《여원다리 삐에로》, 《나는 논술대통령》 등이 있습니다.

그림 김진희

1979년 부산에서 태어났습니다. 홍익대학교에서 시각디자인을 공부했고, 오랫동안 그래픽 디자이너로 활동하다가 그림책을 만들고 싶어 일러스트레이터가 되었습니다. 엄마와 아이가 함께 즐겁게 볼 수 있는 유머러스한 책을 만들고 싶습니다. 그린 책으로 《코 잘 자》, 《꼭꼭 씹어 먹어요》 등이 있습니다.

추천 강경호

서울교육대학교를 졸업하고 건국대학교 대학원에서 석·박사 학위를 받았습니다. 서울교육대학교 교육대학원장과 한국어문학회 회장을 역임하고, 지금은 서울교육대학교 국어교육과 교수로 재직 중입니다. 한국아동시조시인협회 부회장이며, 시조시인이기도 합니다.

●일러두기
이 책에 실린 예문에서 어린이의 이름 앞에 표기된 숫자는 그 글을 쓸 당시의 학년을 뜻합니다.

신 나는 열두 달 글쓰기 놀이

초등학교 교과 과정에 맞춘 **글쓰기** 활동 책

유지화 글 | 김진희 그림

강경호 (서울교육대학교 국어교육과 교수) 추천

www.totobook.com

추천의 글
글쓰기의 길잡이가 되어 줄
고맙고 반가운 책

　제법 오래된 이야기다. 대학 입시에서 논술 및 구술 전형이 강화되면서 우리 서울교육대학교에서도 학생들에게 '글쓰기 지도'를 잘 가르칠 수 있는 교수가 필요해졌다.

　초등학교 현장에서 글쓰기 지도를 잘 하고 있는 교사가 누구인지 수소문 끝에 추천을 받아 유지화 작가를 국어과 강사로 모셔 왔다. 기대했던 것보다 강의의 내용이 좋았고 서울교대생의 반응도 기대 이상이었다. 방학 중 교원 직무 연수 강의를 진행했는데, 이에 대한 교사들의 호응 또한 뜨거웠다.

　이번에 유 작가가 초등학생을 위한 글쓰기 책을 집필하고 있다는 소식을 듣고는 사뭇 기대가 되었다. 원고를 받아 보니 역시나 그 동안 보아 왔던 어떤 책과도 다르다는 것을 단번에 알 수 있었다.

　책장을 여는 순간부터 참신한 캐릭터의 등장이 시선을 잡는다. 어린이들이 이해할 수 있게끔 쉽고 친절하게 글쓰기 방법을 소개한 뒤 실제 활동으로 이어지는 구성이 어린이들의 흥미를 끌 수 있으리라 생각한다. 어린이뿐 아니라 글쓰기에 흥미를 가지고 있는 어른이 읽어도 유익하다. 오랜 세월 풍부한 현장 경

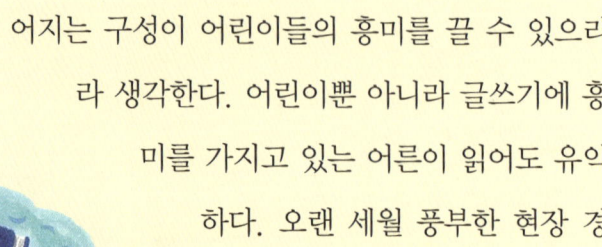

험에서 노하우를 체득한 저자가 심혈을 기울여 썼으니 어쩌면 당연한 일이다. 이처럼 값진 책이 나오게 되어서 반갑고 고마울 따름이다.

 유 작가는 그의 글처럼 심성이 맑고 순수한 사람이다. 책을 추천하는 글에서 저자의 인품을 말하는 것은, 좋은 글이란 좋은 인품에서 비롯된다고 여기기 때문이다. 그가 쓴 글쓰기 책은 문장마다 시를 품고 있어 따뜻하고 향기롭다. 어린이들은 구슬 같은 그의 글을 읽으면서 어느새 맑아지는 심성을 느낄 것이며 저절로 글이 쓰고 싶고 작가가 되고 싶어질 것이다.

서울교육대학교 국어교육과 교수, 시조시인
강경호

작가의 말

글쓰기가 어려운 어린이 여러분, 우리 글쓰기 마을에 소풍 오듯 놀러 오세요

어린이, 이보다 사랑스런 이름을 나는 아직 찾지 못했습니다.

어린이, 이보다 어여쁜 낱말을 나는 아직 알지 못합니다.

꽃, 나무, 별, 선물, 보배……. 좋아하는 낱말을 다 주어도 어린이를 대신하기에는 부족합니다.

이런 어린이에게 기쁨을 주고 싶었습니다.

《신 나는 열두 달 글쓰기 놀이》는 내가 좋아하는 어린이들에게 선물하는 마음으로 쓴 책입니다.

글은 우리의 마음이나 생각을 표현하는 가장 직접적인 수단입니다. 글을 잘 쓴다는 것은 삶을 아름답고 풍요롭게 할 뿐 아니라 살아가는 데 도움이 되는 중요한 능력을 가졌다는 뜻입니다.

그렇지만 글 잘 쓰는 일이 하루아침에 되지는 않습니다. 따뜻한 감성과 창의적 사고, 논리적 훈련이 생활 속에서 이루어질 때 가능한 일이지요.

20여 년 동안 어린이와 청소년을 위한 글쓰기와 독서 지도를 해 오면서 얻은 경험과 보람을 떠올리며, 어떻게 하면 참신하고 독창적이면서도 알차고 재미있는 책을 쓸 수 있을까 고민했습니다. 결국 가장 중요한 것은 숨 쉬듯

 글쓰기를 가깝게 여기고 꾸준하게 써 보는 일이더라고요.
 이 책은 열두 달 동안 아이들의 학교 교과 과정에 맞춰 다양한 글을 써 볼 수 있게 구성되어 있습니다. 아이들의 친구가 되어 글쓰기에 대해 알려 줄 네 친구도 등장합니다. 각각 봄, 여름, 가을, 겨울의 글쓰기를 책임질 잎새보미, 바다누리, 하늘새미, 바람송이가 바로 그들입니다.
 여러분도 분명 이 친구들을 좋아하게 될 것이라고 믿습니다. 이들의 안내를 받아 책에 직접 글을 쓰다 보면 일 년 뒤엔 나만의 책을 갖게 됩니다. 마치 작가가 된 것 같은 기분이 들겠지요?
 부디 이 책을 통해 여러분의 아름다운 마음 밭에 지혜의 향기가, 감성과 논리의 조화가 폭넓게 자리 잡기를 빕니다. 책장을 덮을 즈음에는 여러분 모두 어떤 장르, 어떤 제목의 글을 쓰게 되더라도 주저 없이 멋진 글을 쓰게 되기를 소망합니다.
 그리 따갑던 햇볕이 한결 엷어진 듯 하늘이 높아졌습니다.
 흔쾌히 집필을 맡겨 책 이상의 책으로 엮어 주신 분들께 고마움을 전합니다.

2011년 타오름달, 은하수 빛나는 창가에서
유지화

차례

봄의 글쓰기

소개하는 글쓰기
얼굴을 그리듯 개성 있게 쓰자 12

자연·환경·과학 글쓰기
호기심을 갖고 정확하게 쓰자 22

편지 쓰기
다정하고 예의 바르게 쓰자 34

여름의 글쓰기

독서록 쓰기
차곡차곡 꼼꼼히 쓰자 48

일기 쓰기
꼬박꼬박 정성스럽게 쓰자 58

기행문 쓰기
순서대로 생생하게 쓰자 72

가을의 글쓰기

9월 독서 감상문 쓰기
나만의 생각과 느낌을 쓰자   84

10월 동시 쓰기
어린이답게, 노랫말처럼 쓰자   94

11월 우리말 살려 쓰기
고유어와 속담을 적절히 넣어 쓰자   108

겨울의 글쓰기

12월 설명하는 글쓰기
사실만을 이해하기 쉽게 쓰자   122

1월 주장하는 글쓰기
타당한 이유를 대며 설득력 있게 쓰자   134

2월 계획하는 글쓰기
지킬 수 있을 만큼만 구체적으로 쓰자   146

소개하는 글쓰기
얼굴을 그리듯 개성 있게 쓰자

와우! 3월이야. 새 학기, 새로운 친구들, 새로운 학교, 새로운 선생님 등 모든 것이 새로운 달이라고. 나 잎새보미는 새 짝꿍이 누구일까 설레서 어젯밤 잠도 설쳤다니까. 이왕이면 근사한 아이랑 짝이 되었으면 좋겠다!

그런데 새 학기에 새 교실에 가면 왠지 좀 어색해. 아직 서로를 잘 몰라서 그럴 거야. 이때 필요한 것이 바로 자기소개! 자기소개를 하면서 이름을 알리고 얼굴을 익히고 눈인사도 하고 그러면 마음의 문도 저절로 열리겠지?

'소개'는 다른 사람이 잘 알아볼 수 있도록 어떠한 것을 그려서 보여 주는 일과 같아. 지금 당장 엄마한테 친구를 소개한다 생각하고 한번 떠올려 봐. 친구가 무엇을 좋아하고 무엇을 싫어하는지, 가족은 누가 있는지, 별명은 무엇인지, 꿈은 무엇이고 어떤 것을 잘 하는지 생각처럼 쉽게 떠오르지가 않지? 이건 내 소개를 할 때도 마찬가지야.

화가가 그림을 그리려면 그 전에 먼저 그리려는 대상을 자세히 살펴봐야 해. 자기소개를 할 때도 먼저 나 자신을 관찰하고 나의 어떤 점을 소개할 것인지를 정리해 보는 일이 필요하다는 말씀!

자기소개는 하얀 도화지 위에 내 모습을 자유롭게 그리는 그림이야. 나의 성격, 태어난 곳, 가족, 좋아하는 것, 꿈, 소중하게 여기는 것, 재미있게 본 만화 이야기 등등 뭐든 좋아. 나의 이야기를 나답게 표현하면 돼. 꼭 기억해야 할 점은 공작새가 자신의 날개를 펼치듯이 다른 새와 확실히 구분되게 해야 한다는 거야. 가장 나다운 특징을 찾아 개성이 잘 드러나게 표현해야 다른 친구들이 확실히 기억할 테니까. 참고로 나의 소개를 듣고 난 친구들은 '잎새보미' 하면 분홍색 물방울무늬 꽃신이 떠오른다고 해. 자기소개를 할 때 나는 분홍색을 참 좋아한다고 하면서 신발을 보여 줬거든.

좋은 소개글은 마치 나뭇잎 사이 별뉘처럼 상대방을 기분 좋게 해. 오랜 시간이 지난 뒤에도 친구들이 나를 기분 좋게 기억할 수 있도록 자기를 소개하는 글을 써 볼까?

먼저 친구들은 어떻게 소개하는 글을 썼는지 살펴보자.

> 똑같은 자기소개는 재미없어. 저마다 얼굴이 다르듯 자기 소개에도 개성이 드러나야 해.

내 모습 들여다보기

저의 머리는 단발머리입니다. 얼굴 생김새는 둥그렇습니다. 눈썹은 가늘고 눈은 똘망똘망하고 코는 자그마하고 입술은 산딸기 같습니다. 몸은 살이 안 찌고 보통입니다. 팔목에는 분홍색 곰돌이 인형이 그려져 있는 시계를 찼습니다. 오른쪽 눈 밑에는 자그마한 점이 하나 있습니다. 입 안에는 이가 하나 빠졌고, 앞머리는 뒤로 넘겨 핀을 꽂았습니다. _외모

저는 보통 때는 말이 없어 '새침떼기'라는 별명을 갖고 있습니다. 하지만 친한 사람 앞에서는 '재잘재잘' 수다쟁이랍니다. _성격

저는 자전거를 잘 타는 옆집 정은이 같은 친구를 좋아하고, 정리 정돈을 잘 하지 않는 진욱이 같은 친구를 싫어합니다. _좋아하는 것

저는 그림 그리는 것이 맛있는 음식을 먹을 때처럼 즐겁고 행복해서 장래 희망을 화가로 정하였습니다. 산이나 강물, 나무, 꽃 같은 자연을 멋지게 그리고 싶습니다. 신사임당같이 그림을 잘 그려서 들꽃을 좋아하시는 우리 엄마에게 선물해 드릴 것입니다. _꿈

서울 쌍문초 2 안민옥

어때? 한 번도 보지 못한 민옥이지만 얼굴에 점 하나 있는 민옥이의 동그란 얼굴이 저절로 떠오르지? 자기 얼굴을 생생하게 잘 묘사했기 때문이야. 또 외모뿐 아니라 성격, 좋아하는 것, 꿈 등을 조목조목 적어서 자기소개를 잘 했어.

대상의 색채, 향기, 소리, 맛, 형태 등을 있는 그대로 생생하게 그려 내는 것을 **묘사**라고 해. 묘사를 잘 활용하면 더 좋은 소개의 글이 될 수 있어.

새미는 파란색

　　내 친구 중에서 한 명을 소개하라고 한다면 나는 새미를 소개하고 싶다. 언제나 해맑은 웃음으로 내 마음을 평화롭게 해 주기 때문이다. _좋은 점

　　새미의 얼굴은 갸름한 달걀형이다. 코는 그리 높지 않지만 동글동글해서 높은 코보다 새미에게 훨씬 잘 어울린다. 웃을 때 더 예쁘다. 토마토 같은 빨간 방울이 달린 머리끈으로 머리를 묶기를 좋아하는데 헤어스타일은 무엇을 해도 잘 어울린다. 손도 길어서 피아노를 치면 손가락이 반짝반짝 빛이 난다. 글씨도 그 얼굴만큼 예쁘게 쓴다. _외모와 특기

　　새미를 한마디로 말하자면 함박웃음이다. 새미는 나를 부러워하지만 나는 새미의 항상 노력하는 점이 부럽다.

　　나는 새미를 시원하면서도 깨끗한 파란색으로 표현하고 싶다. _나의 느낌

서울 숭인초 3 강유나

　　이번에는 유나가 친구 새미를 소개하는 글이야. 새미에 대한 애정을 담아 좋은 점을 잘 표현했어. 그런데 새미의 겉모습은 잘 알겠는데 속마음이 궁금해지네. 새미가 무엇을 좋아하는지, 새미의 꿈은 무엇인지 겉으로 보이지 않는 점들까지 소개하면 새미에 대해서 더 잘 알 수 있을 거야.

　　또 새미를 한마디로 말하자면 '함박웃음'이라고 했는데, 글을 읽는 사람이 이해할 수 있게 그렇게 표현한 이유를 들어주는 것도 좋겠어. '새미와 함께 있으면 내 얼굴 가득 웃음꽃이 피어나기 때문이다.' 이렇게 말이야.

알콩달콩 우리 가족

우리 가족은 엄마, 아빠, 언니, 나 이렇게 네 식구이다. 재미있게도 엄마와 아빠는 비슷한 점이 많은데 언니와 나는 다른 점이 더 많다.

우리 엄마 아빠는 외출하는 것을 그다지 좋아하지 않으신다. 집에 계신 것이 더 편하다고 하신다. 두 분이 모두 조용한 것을 좋아하시고 꽃을 좋아하신다. 꽃 중에서도 특히 벚꽃을 좋아하신다.

옷이나 책, 가구 등 깨끗이 정리하는 것을 즐겨 하시고, 집안 구석구석을 예쁘게 가꾸신다. 두 분 다 에델바이스 노래를 잘 부르시는 것이 신기하다. _비교하기

그런데 우리 언니와 나는 다른 점이 더 많다. 언니는 오래된 것, 쓰던 것을 좋아하고 나는 새로 산 것을 좋아한다. 우리 언니는 머리를 이틀에 한 번 감는데 나는 매일 감는 것도 다른 점이다. 나는 매일 감지 않으면 찝찝한데 언니는 매일 감는 것을 귀찮아한다.

또 우리 언니는 물을 많이 마시는데 나는 조금 마신다. 그리고 우리 언니는 찡그리기를 잘 하고 불평할 때가 많은데 나는 항상 웃고 다니고 매일 즐겁다. _대조하기

서울 진관초 3 장혜정

혜정이는 엄마, 아빠의 공통점 그리고 언니와 혜정이의 차이점을 들어가며 가족을 잘 소개했어. 이렇게 여러 대상을 소개할 때 대상 간의 같은 점과 다른 점을 나타내면 각각의 특징이 더 명확하게 드러날 거야.

이제 소개하는 글을 직접 써 볼까?

비슷한 대상은 비교하기, 서로 다른 대상은 대조하기.

잎새보미 따라 글쓰기 놀이

소개할 사람 관찰하기

여러분이 자신 있게 소개할 수 있는 사람은 누구누구인가요?

소개할 대상에 대한 리스트를 작성해 보세요. 내가 나 자신을 먼저 관찰해 보세요. 그런 다음 주변 사람들도 하나씩 관찰해 봐요.

소개할 대상이 좋아하는 색깔, 노래, 음식, 운동, 계절 등을 본 대로 느낀 대로 아는 대로 적어 보세요.

새 봄, 나의 ○○를 소개합니다

소개할 대상	좋아하는 색깔	좋아하는 노래	좋아하는 음식	좋아하는 운동	좋아하는 계절	좋아하는 꽃	좋아하는 나무
잎새보미	분홍			줄넘기	봄	민들레	
나							
할머니							

묘사하며 소개하기

사람이 아닌 것도 소개할 수 있지요. 주변의 아름다운 꽃이나 나무를 하나 정해서 자세히 관찰하고, 모양과 색깔, 크기 그리고 나의 느낌을 자세하게 표현해 봐요. 그 대상을 한 번도 본 적이 없는 사람에게 소개한다 생각하고 그림을 그리듯 생생하게 써 보세요.

소개할 대상:

어떻게 생겼나요?
....

무슨 색깔인가요?
....

얼마나 큰가요?
....

무엇을 닮았나요?
....

어떤 느낌이 드나요?
....

좋아하는 사람 소개하기

같은 반에 좋아하는 친구가 있나요? 좋아하는 친구를 한번 소개해 보세요. 그 친구만의 특징이나 장점을 다시 한 번 떠올리는 계기가 되어 더욱 좋은 사이가 될 거예요.

친구 이름 :

어떻게 생겼나요?
....
....
....

키가 큰가요? 몸은 마른 편인가요?
....
....
....

머리 모양은 어떤가요?
....
....
....

어떤 옷을 자주 입고 다니나요?
....
....
....

목소리는 큰가요?
....
....
....

친구 이름 :

무엇을 좋아하나요?
....
....
....

어디가 특히 예쁜가요?
....
....
....

가족은? 누가 있나요?
....
....
....

누구랑 친한가요?
....
....
....

어떤 과목을 잘하나요?
....
....
....

두 사람 이상일 땐 비교와 대조하기

한 번에 여러 명을 소개해야 할 때도 있겠지요? 그럴 땐 비교하거나 대조해서 비슷한 점과 다른 점을 적어 주세요. 엄마 아빠를 소개하는 글을 써 볼까요? 엄마 아빠의 비슷한 점은 무엇이고, 다른 점은 무엇인가요?

자기 소개하기

나 자신을 자신 있게 소개하는 글을 써 보세요. 가족, 학교생활, 습관, 취미, 특기, 장래 희망 등 어떠한 내용이어도 좋아요. 내가 어떤 사람인지 다른 친구들이 잘 알 수 있도록 개성을 담아 구체적으로 자신을 소개해 보아요.

자연·환경·과학 글쓰기
호기심을 갖고 정확하게 쓰자

4월이 되니 봄 햇살이 점차 따사로워졌어. 마치 해님이 온 세상 생물들에게 팡팡! 에너지를 주는 것 같아. 4월이 되면 우리 가족은 모두 밖으로 나가서 자연과 함께 즐거운 시간을 보내.

자연은 참 좋은 친구야. 우리가 살아갈 수 있도록 터전을 마련해 주고 우리와 함께 자라나니깐.

4월에는 소중한 자연을 떠올리며 자연·환경·과학을 주제로 글쓰기를 해 볼까? 나 잎새보미는 좋아하는 꽃에 대한 글을 쓸 거야. 너희도 주변의 꽃을 한번 살펴볼래? 꽃들은 저마다 무슨 빛깔을 띠고 있니? 어떤 향기가 나며 꽃말은 무엇이지? 어떤 모양을 하고 있으며 크기는 얼마만 해? 먹을 수 있거나 약으로 쓰이지는 않을까? 어디에서 자라고 몇 월에 꽃을 피울까?

글쓰기는 관심과 애정으로부터 시작되는 거야. 특히 자연·환경·과학 글쓰기를 하려면 주변에 애정을 가지고 살피며 조사하는 시간이 필요해.

　주변의 자연현상을 관찰하다 보면 '왜 저럴까?' 하고 의문을 품게 될 때가 있어. 병아리를 부화시키기 위해 달걀을 품었던 에디슨이 '호기심 대왕'이란 얘기 들어 봤니? 에디슨은 이런 호기심 덕분에 재미있게 하루하루를 보내는 가운데 놀라운 발명을 많이 할 수 있었던 거야.

　나 잎새보미는 꽃을 관찰하면서 왜 벌이 꽃 주위를 날아다닐까 궁금해졌어. 그래서 주변 사람들에게 물어보고 책도 찾아보면서 이유를 알게 되었지. 꽃이 피고 열매가 맺는 과정에 벌이 꼭 필요하다는 것을 말이야. 날카롭고 따가운 침 때문에 무섭게 느껴지기만 했던 벌이 이젠 고마운 존재로 느껴져.

　이처럼 과학은 호기심에서 출발해 세상을 보는 시야를 넓혀 줘. 과학을 통해서 우리가 몰랐던 새로운 세상을 만날 수 있어. 과학 글쓰기는 과학 분야에서 새로 깨달은 사실과 그에 대한 나의 감상을 글로 남기는 일이야.

　다른 친구들의 글을 보며 자연·환경·과학 글쓰기를 잘하려면 어떻게 해야 하는지 배워 보자.

비단산이 자라면

비단산에 아카시아가 **쪼르르 쪼르르** 피어납니다.
저렇게 멋진 비단산이 오염되지 않고 **쑥쑥** 자랐으면 좋겠습니다. 비단산이 자라면 무엇이 될까요? 아카시아는 날마다 어떤 이야기를 들려줄까요?
아카시아의 함박웃음소리를 듣고 자라니 아주 큰 비단산이 되겠지요. 큰 비단산은 이런 소리를 내겠지요. **꽈라라 꽈라라**. **줄줄 졸졸**, **짹짹**, **살랑살랑**, **솔솔**~ 우리는 자라서 무엇이 될까요?

서울 수색초 1 조규상

귀로 전해지는 자연의 소리와 눈으로 보는 자연의 모습, 그리고 코로 전해지는 자연 그대로의 향기. 규상이는 온 몸으로 느낀 자연을 **흉내 말**(의성어와 의태어)로 다양하게 표현해 놓았어. '쪼르르 쪼르르, 쑥쑥, 꽈라라 꽈라라, 줄줄 졸졸, 짹짹, 살랑살랑, 솔솔' 같은 표현 덕분에 마치 산이 열심히 노래하고 춤추고 일하고 있는 것 같이 느껴져.

이처럼 자연을 표현하는 글에서는 소리와 모양을 흉내 내는 말을 사용하면 효과적이야. 규상이처럼 소리가 나는 그대로, 들리는 대로 단어로 표현하면 돼. 소리뿐 아니라 대상의 모양이나 움직임을 흉내 낼 수도 있어. 예를 들면 엉금엉금, 뾰족뾰족, 흔들흔들 등이 모양이나 움직임을 흉내 낸 말이야. 특히 모양을 흉내 낸 말은 역동적인 대상을 표현할 때 아주 유용해.

내가 지구를 만든다면

 내가 지구를 만든다면 황인종, 흑인종, 백인종뿐 아니라 피부색이 파란 사람, 빨간 사람도 만들어 낼 것이다. 다양한 사람들이 모여 함께 사는 것을 보면 지구별 왕으로서, 더 행복해질 것 같다.

그리고 일주일은 7일이 아니라 8일로 만들어 사람들을 하루 더 쉬게 해 주고 싶다. 쉬는 날에는 자동차 없이 다닐 수 있도록 모두에게 날개를 달아 줄 것이다. 그러면 자동차 매연으로 인한 환경오염이 줄어들지 않을까?

 다음으로는, 지금 멸종 위기에 처해 있는 동물들을 많이 만들고 싶다. 그리고 나서 지역의 환경이나 기후에 알맞게 동물들을 보낼 것이다.

 특히 나무를 많이 심어 공기를 깨끗하게 하고 싶다. 나무의 종류는 활엽수와 침엽수를 3대 2의 비율로 심을 것이다. 활엽수에는 오동나무, 후박나무, 단풍나무 등이 있다. -분류 단풍나무는 단풍나뭇과의 활엽수이며 높이는 10미터 정도이고 잎은 손바닥 모양으로 갈라져 있으며 색깔은 붉은색을 띠고 있다. -분석

 활엽수를 더 많이 심는 까닭은 활엽수가 침엽수보다 따뜻한 느낌을 주기 때문이다. 물은 지구의 80% 정도로 할 것이다. 나중에 물이 부족한 시대가 오기 전에 20%는 저장하고, 60%는 쓰도록 하겠다.

 내가 만들고 싶은 지구는 자연을 보호하는 지구이다. 자연과 함께 더불어 살 수 있는 지구가 되었으면 좋겠다.

서울 선일초 5 권보성

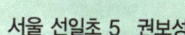

보성이의 참신하고 재미있는 아이디어가 돋보이는 글이야. 보성이는 환경 오염이 없는 지구를 만들고 싶었나 봐. 생태계가 조화를 이루며 사는 지구 말이야.

성질·모양·재질 등 어떤 기준에 따라 대상을 세세하게 나누는 것을 분류라고 하는데, 보성이의 글에서 분류를 사용한 문장이 있어. 찾았니? 그래. 맞아. 나무의 종류를 활엽수와 침엽수로 나누고, 활엽수에 속하는 나무들을 소개한 대목 말이야. 또 '단풍나무는 단풍나뭇과의 활엽수이며 높이는 10미터 정도이고 잎은 손바닥 모양으로 갈라져 있으며 색깔은 붉은색을 띠고 있다.'처럼 상대방이 이해하기 쉽도록 어떤 개념이나 대상, 현상을 여러 가지 방법을 동원하여 구체적으로 설명하는 것을 분석이라고 하지.

자연·환경·과학을 소재로 글을 쓸 땐 정확한 정보를 담아내기 위해 이처럼 분류와 분석의 방법을 쓰는 경우가 많아.

성재는 존경하는 과학자에게 편지를 썼어. 성재가 과학을 얼마나 좋아하는지, 얼마나 과학자가 되고 싶은지가 글에 잘 나타나 있어. 이처럼 좋은 글에는 글쓴이의 마음이 잘 드러나기 마련이야.

성재의 글에서는 독특한 표현을 쓴 문장을 찾을 수 있어. 글쓰기를 할 때는 문법에 맞는 문장을 써야 하지만, 가끔은 읽는 사람이 지루하지 않도록 문장에 다양한 변화를 주기도 해. 단어의 배열 순서를 뒤집어서 표현하는 것을 도치법이라고 하지. '저는요. 아저씨를 정말 좋아한답니다.' 할 것을 '아저씨를 정말 좋아한답니다. 저는요.'라고 표현한 것처럼 말이야. 주어를 뒤로 빼니까 색다른 느낌이지?

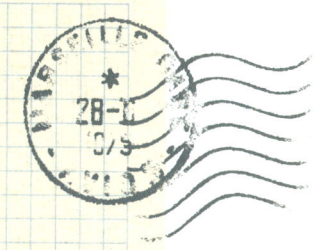

제가 가장 존경하는 아인슈타인 아저씨께

안녕하세요? 저는 과학에 관심이 많은 수색초등학교 2학년 7반 조성재라고 합니다. 아저씨가 수학, 과학에 천재라고 들었어요. 저도 아저씨처럼 수학, 과학을 좋아한답니다. 그리고 아저씨가 어렸을 적에 항상 똑같은 방식으로만 하는 공부 방법을 아저씨는 싫어했다고 들었어요. 저도 그래요. 정말이지 매일 똑같이 학원에 가서 문제나 풀고 하는 것이 싫답니다. 하지만 아저씨는 혼자서 공부하시는 것을 좋아하셨죠? 저는 아직 혼자서 공부하는 것이 좋지만은 않아요. 그렇지만 꼭 아저씨처럼 혼자서 공부하는 습관을 들이도록 할게요.

아저씨를 정말 좋아한답니다. 저는요. 도치 그래서 아저씨가 특수 상대성 이론이나 일반 상대성 이론을 발표한 것도 알아요. 지금은 그런 이론들에 대해서 자세히는 모르지만 나중에 꼭 그 이론들에 대해서 열심히 공부할 거예요. 제가 그렇게 각오하는 이유는 제가 아인슈타인 아저씨를 좋아하고 존경하기 때문이기도 하지만 저의 장래희망이 과학자이기 때문입니다. 제가 어른이 되면 과학자가 될 수 있도록 도와주세요~ 아저씨!

과학자의 꿈을 가진 조성재 올림.

서울 수색초 3 조성재

잎새보미 따라 글쓰기 놀이

소리와 모양을 흉내 내요

농촌에 가면 도시에서는 쉽게 볼 수 없었던 풍경을 만날 수 있어요. 모심기하는 풍경을 본 적이 있나요? 농촌의 풍경을 한번 떠올려 보세요. 울룩불룩 노란 파도가 넘실거리는 보리밭이나 농부 아저씨들이 열심히 일하는 논에 직접 가 있다고 상상해 보세요. 어떤 소리가 들리나요? 어떤 모습이 보이나요? 흉내 내는 말을 넣어 문장으로 나타내 보세요.

일어나지 않은 일을 상상해서 쓰기

오늘부터 당장 전기를 쓸 수 없다고 상상해 보세요. 어떤 일이 일어날까요? 아주 자세히 마치 지금 실제로 일어나고 있는 것처럼 세밀하게 글로 써 보세요. 여러분의 반짝이는 상상력을 모두 동원하세요!

어떤 지구를 만들고 싶은지 상상해서 쓰기

여러분이 지구별 왕이라고 상상해 보세요. 무엇이든지 마음대로 할 수 있다면 어떤 세상을 만들고 싶은가요? 사람들이 자연과 어울려 평화롭게 살아가려면 어떻게 해야 할까요? 황당한 상상일수록 환영이에요! 마음껏 상상해 보아요!

자연을 사랑하는 마음을 표현하기

길가에 노랗게 피어 있는 민들레꽃을 발견하거나 씩씩하게 산길을 걷다가 나풀거리는 나비를 보았을 때 어떤 기분이 들었나요? 자연은 우리를 편안하게 만들어 주어요. 우리들의 발길 닿는 곳이 다 자연이에요. 여러분이 특별히 좋아하는 장소가 있으면 구체적으로 소개해 보세요.

과학 분야의 책을 골라 독서 감상문 써 보기

4월은 과학의 달입니다. 과학 독서 감상문 쓰기 대회가 열리지요. 과학과 관련된 책을 골라서 꼼꼼히 읽고 감상을 글로 써 보는 거예요.

과학 독서 감상문을 쓰려면 먼저 '정말 그럴까?'라고 호기심을 가지고 눈을 반짝반짝 빛내면서 가까운 서점이나 도서관으로 과학 여행을 떠나 보세요. 어떤 책이 재미있을까 직접 골라요. 책 제목, 목차, 작가의 말, 출판사 등 꼼꼼히 살핀 뒤 마음이 가는 책을 골라 읽어 보세요. 그리고 이 책을 통해 새롭게 알게 된 것, 좀 더 자세히 알고 싶은 점, 깨달은 점 등을 중심으로 감상문을 써 보세요.

왜 이 책을 골랐나요?

무엇이 호기심을 끌었나요?

독서 감상문에 대해 더 자세히 알고 싶은 친구들은 '9월의 글쓰기'를 보세요.

편지 쓰기
다정하고 예의 바르게 쓰자

　가정의 달 5월에는 하늘도 산도 들판도 푸르름이 더해 가며 집집마다 행복한 웃음소리가 가득해. 아마 어린이에게 가장 행복한 달일 거야. 나 잎새보미는 5월을 더욱 기쁨으로 만들기 위해 편지를 쓰기로 했어. 어버이날에는 사랑하는 엄마 아빠에게, 스승의 날에는 존경하는 선생님에게 은혜 가득한 편지를 써서 전하는 거야. 진심을 담은 편지 한 장은 맛있는 쿠키보다 행복한 선물이 될 거라고 믿어.

　편지는 글만을 통해서 상대방을 만나는 일이기 때문에 한 줄의 문장을 적는 데에도 많은 생각을 하게 돼. 자칫 오해가 생길 수도 있으니 마주보고 말할 때보다 신중하게 단어를 골라 써야 해. 이렇게 생각을 가다듬어 쓰기 때문에 편지를 쓰면 자연스레 창의력도 향상되고 문장력 또한 좋아진다는 걸 알아 줘.

　받는 대상이 정해져 있는 편지글은 상대방에 대한 존중과 예의를 갖추기 위해서 경우에 따라 일정한 형식에 맞춰서 쓰기도 하지. 편지글의 형식이 어떠한지 같이 알아볼까?

　첫째, 누구에게 보내는 건지 상대방을 부르는 호칭이 필요해. 이왕이면 상대방에게 가장 어울리는 꾸밈말을 붙여서 써 주자. 예를 들어 그냥 '어머니께'보다는 '사랑하는 어머니께'라고 하는 것이 더 다정하겠지?

　둘째, 인사를 건네 보자. 우리들의 생활이나 건강, 마음은 계절의 변화와 깊은 관계가 있으니까 계절과 관련된 인사면 좋겠어.

　셋째, 받는 사람의 건강이나 하고 있는 일, 취미 생활 등에 대해서 안부를 묻고, 나는 어떻게 지내고 있는지도 살짝 써 줘.

　넷째, 이제 하고 싶은 이야기를 자유롭게 적어 봐. 중요한 용건의 편지일 때는 내용을 정확하게 전하고, 필요 없는 말을 너무 길게 쓰지는 말아 줘.

　다섯째, '새싹처럼 싱그러운 하루 보내세요.'와 같이 예쁜 마음을 담아 마지막 인사를 써 줘.

　여섯째, 날짜와 보내는 사람 이름을 쓰자. '나팔꽃 피어 있는 창가에서 ○○ 올림.'과 같이 편지를 쓰고 있는 지금의 상황이나 분위기를 나타내는 말을 붙이면 좋겠지?

사랑하는 엄마에게

엄마, 초록의 나무가 소복소복 그늘을 만드는 계절 여름입니다. 가을이 다가오고 있어요. 엄마는 동생도 돌보셔야 하니까 맛있는 것 많이 드시고 감기에 걸리지 마세요! 그리고 너무 무리하지 마시고요.

그리고 엄마, 저 사실은 영어 학원 가기가 싫은데 열심히 하는 이유는 그래야 엄마께서 바라시는 대로 중국도 가잖아요. 영어도 잘하고 중국어도 잘해서 제 꿈을 꼭 이룰 거예요. 그리고 동생도 잘 돌볼게요. 제가 크면 맛있는 음식도 해 드리겠어요.

제가 열심히 돈 모아서 옷도 사 드리겠어요. 엄마는 바지가 잘 어울리고, 또 구두가 어울려요. 그리고 장미같이 화사한 엄마에게 귀고리는 은이 어울려요. 가방은 무엇이든 다 어울리세요. 엄마의 좋은 점은 칭찬을 많이 해 주시는 거예요. 이런 엄마에게 향수는 안 어울려요. 그러니 엄마는 향수는 하지 마시고 머리를 길게 하면 예쁘시니까 긴 머리를 하세요. 엄마! 이제는 글짓기가 재미있어요. 그 뜻은 글 쓰는 것이 재미있다는 말이에요.

지금 엄마한테 편지를 쓰니깐 기분이 상쾌하고 마음이 행복해요. 편지를 쓰는 것이 이렇게 재밌는지 몰랐어요. 엄마는 장미꽃처럼 예뻐요. 엄마가 웃으실 때는 꼭 장미꽃이 활짝 핀 것 같으니까요. 엄마! 사랑해요. 그리고 건강하세요.

2009년 8월 5일
엄마의 예쁜 딸 유진 올림

서울 진관초 1 이유진

다른 친구의 편지를 보니 색다르지? 편지쓰기가 이렇게 즐거운 줄 몰랐다는 유진이의 깜찍하고 솔직한 고백에 어머니께서도 기뻐하셨을 거야. 편지에는 이렇게 자기 마음을 꾸밈없이 담는 것이 좋아. 조금 두서가 없어도 진심이 담긴 편지는 읽는 사람으로 하여금 뿌리 깊은 믿음을 주게 되지.

유진이는 엄마를 '장미꽃처럼 예쁘다.'고 표현했어. 이렇게 '~처럼, ~같은, ~듯이, ~인 양, 마치 ~같다' 등의 말을 사용하여 대상을 표현하는 것을 직유법이라고 해. 비슷한 느낌을 가진 사물을 콕 집어서 빗대어 설명하기 때문에 가장 간단하고 명쾌한 비유법이지. 여기에서는 엄마를 장미에 빗대어 표현했고, 읽는 사람은 '장미꽃' 하면 느껴지는 바가 엄마랑 같겠구나 하고 쉽게 이해할 수 있지.

'여우처럼 영리해.'가 '난로같이 따뜻해.' 등이 직유법이야.

이번에는 지영이가 좋아하는 선생님께 쓴 편지야. 지영이의 편지에는 평생 선생님과 즐겁게 공부하고 싶다는 고운 마음이 나타나 있어. 다정한 인사로 첫머리를 장식하고 아름다운 문장으로 매듭을 지은 것을 보니 정말 선생님을 좋아하나 봐!

그런데 너무 화려한 장식은 글의 초점을 흐리게 할 수 있어. 양탄자, 우물, 지혜의 나무, 나무의 열매까지 비유가 많지. 적당히 가지를 치고 꼭 필요한 말만 골라서 쓰는 것도 좋은 글을 쓰기 위해서 필요한 일이야. 아무리 빛나는 반지, 목걸이, 팔찌, 핀, 머리띠라 하더라도 한꺼번에 걸친다면 예뻐 보이지 않는 것과 마찬가지라는 말씀!

얼음도 녹일 수 있을 만큼 따뜻한 웃음을 가지신 선생님께 _호칭

선생님. 안녕하세요. _여는 인사

날마다 편지 드려서 귀찮지는 않으신지요. 편지, 그러니까 저만의 양탄자를 멋지게 수놓아 드리고 싶어서 이렇게 바늘을 들었답니다. 공사를 좀 했어요. 우물 공사요. 우물이 너무 작아서 넓혔답니다. 그랬더니 제 우물에 담긴 글이 5분의 1도 안 되는 거 있죠? _편지를 쓴 이유

제게는 선생님과 공부하며 생긴 나무가 있어요. 지혜의 나무요. 열매가 글자거든요. 앞으로도 선생님과 공부하며 저의 우물을 넓혀 갈 생각이에요. 반도 차지 못한 우물을 차근차근 채워 나갈 거예요. 차가웠던 제 마음 속을 따뜻한 웃음으로써 봄이 오게 해 주신 선생님. 평생 선생님의 고운 마음과 넓은 마음, 아름다운 글로 저의 나무를 키워 가고 싶어요. 봄도 일년 내내 간직하고요.

저는 선생님의 따스한 웃음만 떠올리면 절로 플루트 소리를 들어 행복해져요. 선생님의 웃음을 평생토록 뵐 수 있길 바라며 이만 양탄자 매듭짓겠습니다. _맺는 인사

5월 13일

플루트 소리를 들어 행복한 민지영 올립니다. _날짜와 보내는 사람

안산 성포초 5 민지영

생일 초대장

사촌 친구 같은 나의 학급 친구들아! 안녕? 나 승수야 ^^
매일 보는 우리들이지만 그래도 안부 인사는 하고 싶어. 다들 잘 지내지?
이번주 11월 18일이 바로 내가 태어난 날이란다.
　난 나의 생일 파티에 소중한 너희들을 초대해서 즐거운 시간을 보내고 싶어. 오랜만에 다 같이 한자리에 모여서 게임도 하고 운동장에 나가 축구도 하자. 이런 기회가 많지 않았잖아? 생각만 해도 신 나! 맛있는 음식도 준비되어 있으니 기대해도 좋아.
　다들 내 초대에 응해 줄 거지? 난 너희들이 꼭 와 줄 거라 믿어.
　그럼 난 이만 물러날게. 생일에 꼭 보자. 그럼 안녕~

날짜 : 11월 18일 일요일 오후 1시
장소 : 즐거운 우리 집~ ○○아파트 ○동 ○호

서울 숭인초 4 최승수

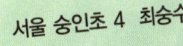

편지는 종류가 아주 많아. 정해진 상대에게 내 생각을 글로 적어 보내는 것이라면 무엇이든 편지가 될 수 있지. 안부 편지 이외에도 초대 편지, 감사 편지, 위로 편지나 상대방을 설득하기 위해서 또 거절할 때 쓰는 편지도 있어. 여기서 중요한 것은 어떤 편지에서라도 내 의사가 분명히 전달되어야 한다는 것!

예를 들어 앞에서 본 승수의 생일 초대장처럼 누군가를 초대하는 편지를 쓸 땐 초대하는 이유, 시간과 장소가 분명해야 하겠지? 깜박하고 장소를 쓰지 않으면 편지를 받은 친구들이 당황스러울 거야.

이렇게 따로 정성스레 만든 생일 초대장을 받는다면 초대받은 입장으로써 참 기쁘겠다! 꼭 참석해서 생일을 축하해 주고 싶지 않을까?

이제 친구들 차례야. 여러 가지 편지 쓰기를 해 보자.

잎새보미 따라 글쓰기 놀이

부탁하는 쪽지 편지 쓰기

부탁하는 편지를 한번 써 볼까요? 말로 하는 것보다는 글로 표현하는 것이 덜 쑥스럽고 감사의 마음도 잘 드러날 거예요. 심부름을 같이 가자고 친구에게 쓰는 편지일 수도 있고, 어려운 수학 문제를 가르쳐 주십사 선생님께 드리는 편지일 수도 있어요. 이왕이면 진심을 담아 정성 들여 쓰면 상대방이 여러분의 부탁을 더 잘 들어주지 않을까요?

누구에게 부탁할까요? ....

감사의 편지 쓰기

여러분! '어린이날 노래'를 아나요? 어린이의 마음이 듬뿍 담긴 노래죠. 우리 함께 불러 보고, 이 노래를 작사해 주신 윤석중 선생님께 감사의 편지 한 장 드려 볼까요? 예의를 갖춰 순서에 맞게 쓰는 것 잊지 말고요!

1절
날아라 새들아 푸른 하늘을
달려라 냇물아 푸른 벌판을
오월은 푸르구나 우리들은 자란다
오늘은 어린이날 우리들 세상

2절
우리가 자라면 나라의 일꾼
손잡고 나가자 서로 정답게
오월은 푸르구나 우리들은 자란다
오월은 어린이날 우리들 세상

이메일로 초대장 보내기

화가인 이모가 5월 8일 불우 어린이를 위한 전시회를 시내 백화점 2층에 있는 '시와 별 갤러리'에서 연다고 해요. 친구들에게 이메일로 보낼 전시회 초대장을 만들어 볼까요? 쓰기 전에 꼭 알려 줘야 하는 내용을 정리한 다음 쓰기 시작하면 초대하는 목적에 잘 맞는 글을 쓸 수 있어요. 다 쓴 다음에는 빠진 내용이 없는지 꼭 검토하세요.

이메일을 보낼 때는 자신의 이름을 꼭 밝혀 줘야 해. 아이디만 보고는 누구인지 모르는 경우가 많거든.

거절의 편지 쓰기

친구로부터 하늘공원에 함께 가자는 초대장이 왔어요. 5월 5일 하늘공원 축제가 열리는데 '아이돌' 그룹이 나와서 노래도 불러 준다는 거예요. 그런데 공교롭게도 그날은 사정이 있어서 갈 수가 없어요. 나에게 어떤 불가피한 사정이 있는 걸까요? 솔직하게 거절의 이유를 밝히면서도 친구의 기분이 상하지 않게 편지를 써 보세요.

갈 수 없는 이유 :

감사의 편지 쓰기

책상, 공기, 나무, 놀이기구 등 생명이 없는 사물에게 고마움을 전하는 편지를 써 볼까요? 여러분이 이런 사물이라면 어떤 말을 들을 때 가장 기분이 좋을까요? 기분 좋아지는 말을 3가지 이상 넣어서 편지를 써 보세요.

어떤 사물에게?

여름의 글쓰기
지혜 바다에 배 띄우기

강렬한 햇빛 속에 모든 생물이 힘차게 활동하는 여름.
이런 활기찬 계절에는 멀리 산 좋고 물 맑은 자연을 향해 여행을 떠나기에도 제격이지요.
'글쓰기'라는 나만의 배를 타고 자연 속에서 여행을 해요.
열심히 글을 짓는 우리를 보고 푸른 숲이 서늘한 그늘을 남겨 줄 거예요.
모험심 많은 바다누리의 안내에 따라 여름 세상으로 나아가 볼까요?

독서록 쓰기
차곡차곡 꼼꼼히 쓰자

한학기를 마무리하고 즐거운 여름 방학을 맞이하는 6월에는 지혜를 가득 담은 좋은 책을 읽고 독서록을 써 보자.

책은 밥을 먹듯 꾸준히 읽는 일이 중요해. 또 체하지 않게 눈높이에 맞추어 알맞게, 편식하는 일 없이 위인전, 창작 동화, 전래 동화, 과학 도서 등 골고루 읽는 일도 필요하지. 밥을 꼭꼭 씹어 먹듯 책의 내용도 충분히 씹어서 잘 소화하려면 이렇게 한번 해 볼까?

동화책을 읽을 때는 기억하고 싶은 단어나 문구를 공책에 따로 옮겨 적어 봐. 책을 다 읽은 다음 적어 놓은 것을 보면서 떠오르는 낱말이나 그림들을 계속 연결하면 생각 그물(마인드맵)을 만들 수 있어. 이렇게 나만의 생각 그물을 만들어 두면 줄거리를 오래 기억할 수 있을 뿐만 아니라 책과 나 사이의 특별한 연결고리를 만들 수 있어.

역사와 관련된 책을 읽을 때는 어떤 인물의 행동이 올바른 것이었는지를 따져 가며 읽으면 비판하는 능력을 기를 수 있지.

존경하는 인물의 위인전은 가까이 두고 여러 번 읽고, 위인의 닮고 싶은 점을 따로 노트에 적어 봐.

나는 책을 읽을 때 감명 깊었던 부분에는 밑줄을, 좋은 문장에는 동그라미를 치고, 다시 읽고 싶은 페이지는 살짝 접어 놓곤 해. 책과 친해지는 나만의 방법이라고나 할까?

책을 읽고 나서 책에 대한 정보와 감상을 간단하게 기록하는 것을 '독서록'이라고 해. 나는 그걸 '보물 수첩'이라고 부르지. 이게 있으면 독서 감상문 쓸 때 아주 좋아. 간략하게 적어 놓은 줄거리를 보면서 책의 내용이나 느꼈던 바를 금방 다시 떠올릴 수 있거든.

그럼 지금부터 독서록 쓰기를 해 보자.

더 재미있게 책 읽는 법

① 작가가 되어 다시 구성한다는 기분으로 줄거리를 꼼꼼히 정리해 보자.

② 형사가 되어 사건 보고서를 작성한다고 생각하고 누가, 무엇을, 왜, 어떻게 했는지 살피자.

③ 기자가 되어 책 속 인물과 인터뷰를 해 보자.

④ 화가가 되어 책 속의 장면과 그 다음 장면들을 상상해서 그려 보자.

나의 독서 목록

순서	제목	지은이	읽은 날짜	확인
1	바위나라와 아기별	마해송	4월 29일	✔
2	헬렌 켈러	권민수	4월 29일	
3	솔로몬의 지혜	이창래	4월 30일	✔
4	숲 속으로	앤서니브라운	5월 6일	✔
5	생명의 역사	버지니아 리 버튼	5월 11일	
6	이모의 꿈꾸는 집	정옥	5월 12일	
7	마법천자문 3	스튜디오 시리얼	5월 13일	
8	위기탈출 넘버원 5	에듀코믹	5월 14일	
9	라이트 형제	김병규	5월 15일	
10	소리가 들리는 동시집	이상교	5월 18일	
11	완두콩 공주	안데르센	5월 27일	
12	서유기 1	오승은	5월 27일	
13	작은 아씨들	루이자 메이 올컷	5월 28일	
14	빈센트 반 고흐	존 할럽	6월 4일	
15	용감한 오누이 치타	아우탑	6월 5일	

서울 진관초 1 이동은

지완이의 독서록

도서명	15소년 표류기	읽은 날짜	2010년 1월 15일
		지은이	쥘 베른
		출판사	지경사

줄거리	처음	네 명의 소년이 배를 타고 여행을 하고 있었다. 어느 날 무인도에 배가 닿았다. 오두막을 찾았는데 사람 시체가 제일 넓은 곳에 있었다.
	중간	15소년은 그곳에서 살기로 하고 시체를 묻어 주었다. 우선 대통령을 정했는데 고든이란 소년이 되었다. 그러던 어느 날 팀이 둘로 나뉘어져 정탐을 하게 되었다. 브리앙이 있던 팀은 한 여자를 발견하여 오두막으로 데려왔다. 드니팬이 있는 팀은 사람 시체를 발견했는데 알고 보니 살아 있는 도둑 떼였다. 드니팬은 서둘러 오두막으로 가서 브리앙에게 알렸다. 그런데 갑자기 여자가 말을 하기 시작했다. "제 이름은 케이트예요. 도둑 떼한테 붙잡혀 모험을 하고 있었는데 이 섬에 닿은 거예요. 아! 이런 때 에번즈가 있으면 좋을 텐데……."
	끝	그런데 밖에서 총소리가 들렸다. 에번즈였다. 에번즈는 15소년과 함께 악당을 물리쳤다. 그리하여 악당들이 타고 온 보트를 고치고 다시 미국을 향해 떠났다. 가던 도중에 여객선을 만나 무사히 집으로 돌아갈 수 있었다.
좋은 문장		가던 도중에 여객선을 만나 무사히 돌아갈 수 있었답니다.
느낀 점		모험을 하면 더 많은 것을 깨닫고 지혜로워질 수 있다는 것을 느꼈다.
토론하고 싶은 문제		브리앙의 동생인 자크가 배를 묶고 있던 줄을 끊은 것은 잘한 일이다. 왜냐하면 그 줄을 푼 덕분에 더 지혜로워졌기 때문이다. 만약에 우리가 무인도에 갇혀 있는데 배 한 척이 지나간다면 어떤 지혜를 발휘하여 신호를 보내겠니?
주제문		갑자기 위험에 처하게 되더라도 희망을 가지고 지혜롭게 살아야 한다.

서울 진관초 2 유지완

동은이의 독서 목록과 지완이의 독서록을 보니 어떻게 해야 할지 알겠지?

독서록을 쓰려면 먼저 공책을 따로 마련하고 앞부분에 '읽고 싶은 책의 목록'을 붙여 놓자. 목록 위에 시작한 날짜나 언제까지 읽겠다는 목표 날짜를 적어 놓으면 나중에 목록에 적힌 대로 다 읽고 난 뒤에 뿌듯함을 느낄 수 있지. 목록에는 몇 권을 읽었는지 금세 알아볼 수 있도록 번호를 매기고 책 제목과 지은이를 적은 다음, 읽은 날짜와 선생님이나 부모님의 확인을 받는 칸도 만들어 봐. 왜 이 책을 읽고 싶은지 간략하게 이유도 적어 놓으면 더 좋아.

목록에 적은 대로 책을 읽고 나서 본격적으로 독서록을 쓰게 되면, 책 제목, 지은이, 출판사, 읽은 날짜 등을 다시 한 번 꼼꼼히 챙겨 적고, 그 다음에는 줄거리, 주인공의 특징, 좋은 문장 등을 차근차근 적어 봐. 일정한 형식이 있으면 좋지만, 가끔은 내가 보기 편할 대로 생각나는 대로 적어도 돼. 나만의 독서록이니 내 마음대로 쓴다고 누가 뭐라 하겠어?

지완이의 글을 다시 볼까? 지완이는 《15소년 표류기》를 읽고 내용을 꼼꼼하게 잘 정리했어. 책을 아주 열심히 읽었나 봐. 그런데 몇몇 문장이 서툰 부분이 보이네. 우리는 글쓰기 달인을 향해 나아가고 있으니까 어색한 부분을 하나만 수정해 보도록 하자. '오두막을 찾았는데 사람 시체가 제일 넓은 곳에 있었다.'라는 문장에서 '제일 넓은 곳'이라는 말이 좀 모호한 것 같아. 책을 읽지 않은 사람들은 어떤 장소일지 모를 테니까 좀 더 생생하게 표현해 주면 좋겠어. 글을 쓸 때는 언제나 뜻이 명확하게 전달되도록 단어를 골라 쓰는 습관을 들이자.

이제 글쓰기 놀이를 해 볼까?

바다누리 따라 글쓰기 놀이

읽고 싶은 책의 목록 채우기

이름 :   시작한 날짜 :

순서	제목	지은이	읽고 싶은 이유	읽은 날짜	확인
1					
2					
3					
4					
5					
6					
7					
8					
9					
10					
11					
12					
13					
14					
15					

독서록 쓰기

_____ 의 독서록

도서명		읽은 날짜	
		지은이	
		출판사	
읽은 동기			
줄거리	처음		
	중간		
	끝		
좋은 문장			
느낀 점			
토론하고 싶은 문제			
주제문			
이 책을 권하고 싶은 사람, 이유			

책 속 인물과 가상 인터뷰 해 보기

책 속의 인물을 직접 만난다고 생각하고 질문을 던져 보세요. 그 인물에 대해 찬찬히 살펴보는 가운데 책의 내용을 더 잘 이해하게 되지요. 상상력이 풍부해지는 것은 당연한 일! 내가 그 사람이라고 생각하면서 질문에 대한 답도 써 보세요.

인터뷰를 하고 싶은 책 속 인물을 골라 보세요.

질문을 던지고 답을 써 보세요.

Q:

A:

마인드맵 작성하기

가장 재미있게 읽은 동화를 하나 골라 보세요. 주인공 이름을 가운데에 써 놓고, 계속해서 떠오르는 단어를 마음껏 써 보세요.

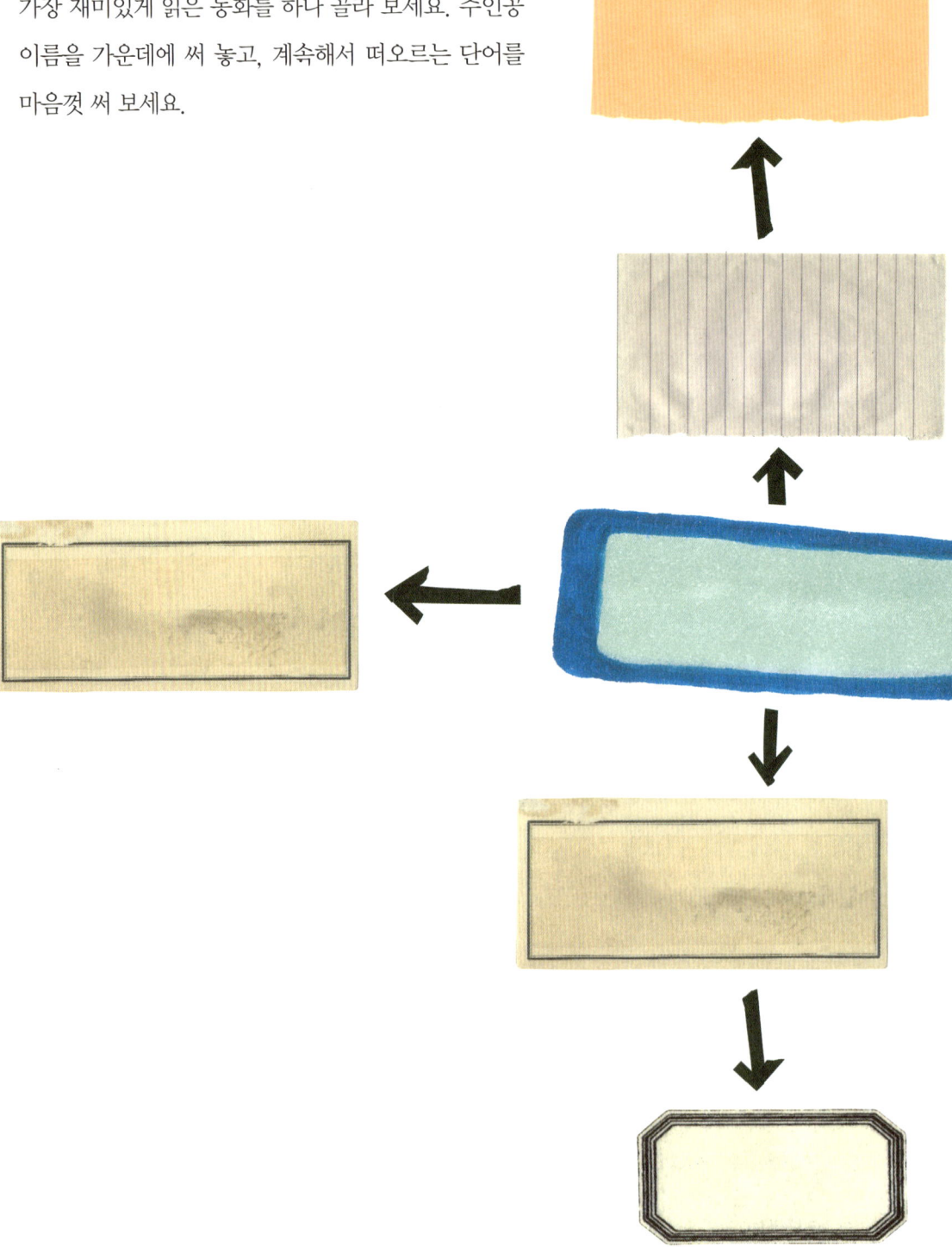

어떤 동화를 읽었나요?

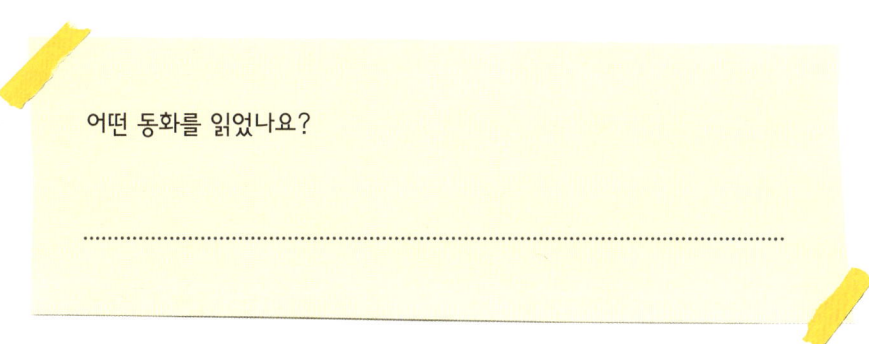

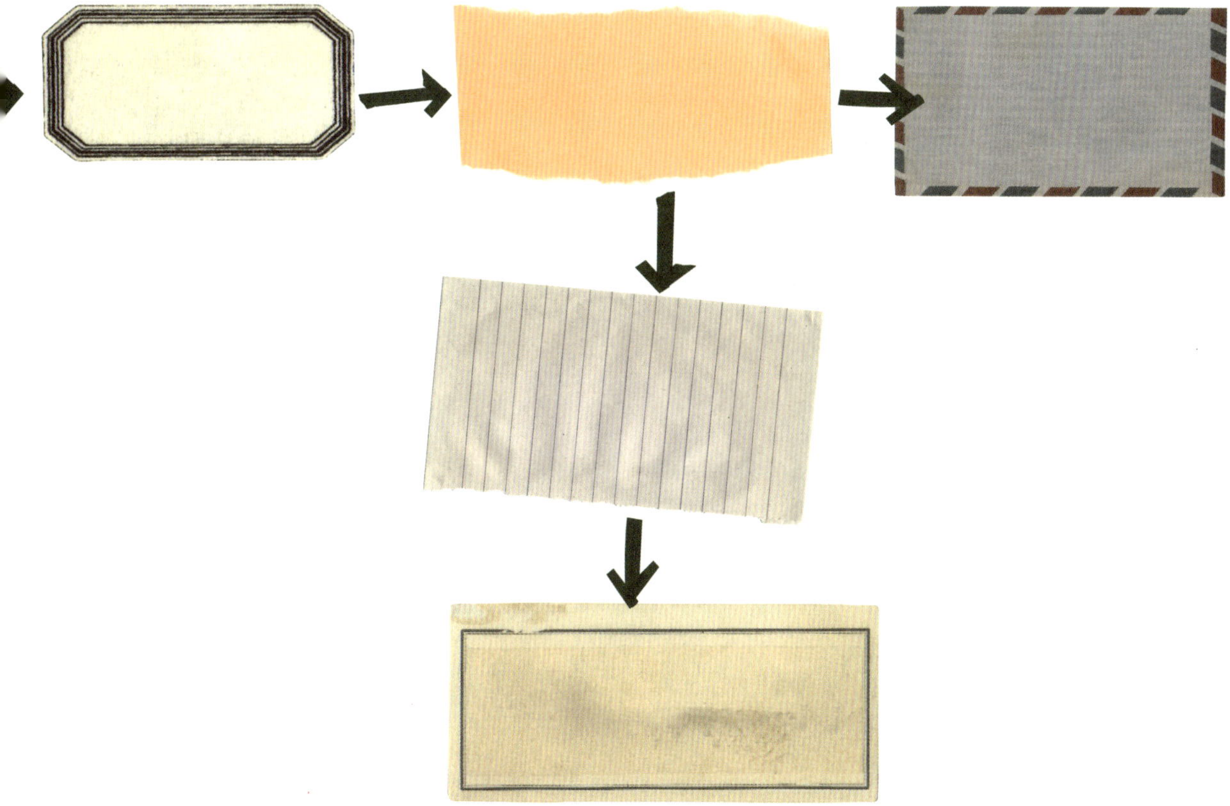

일기 쓰기
꼬박꼬박 정성스럽게 쓰자

견우와 직녀 이야기를 알고 있니? 서로를 무척 사랑하지만 다리가 없어 만나지 못하는 두 사람의 딱한 사정을 알고 해마다 음력 7월 7일 칠석날이 되면 까마귀와 까치가 하늘로 올라가 은하수에 다리를 놓아 주었다는 이야기 말이야. 1년에 한 번 오는 이런 특별한 날에 두 사람은 더욱 정성스럽게 일기를 쓰지 않았을까?

일기장 속에는 지나간 나의 모습들이 그대로 담겨 있지. 일기는 나중에 내가 어떤 시간들을 보냈는지 알 수 있게 해 주는, 내가 쓰는 역사책과 같아. 그래서 가끔 지난 일기장을 꺼내 보면 '내가 이때 이랬단 말야?' 하고 놀라게 돼.

일기는 가능하면 매일 빼먹지 않고 쓰는 게 좋아. 꼬박꼬박 일기를 쓰기 위해서는 일기를 쓰는 시각이 일정하게 정해져 있어야 해. 그때가 되면 가만히 눈을 감고 '오늘 무슨 일이 있었지?', '아 그런 일이 있었구나.' 하고 떠올리는 거지. 나 바다누리는 이렇게 일기를 쓰며 하루를 돌아보고 더 나은 내일을 다짐하는 모범 어린이라고! 이렇게 꼬박꼬박 일기를 쓰다 보니 어느새 글쓰기 솜씨까지 껑충 자랐지 뭐야.

 일기는 내가 보는 데 지장을 받지 않는다면 어떤 형식으로 써도 큰 상관이 없어. 오히려 여러 가지 형식으로 써 보면 더 재미있지. 나의 하루를 완성한다는 기분으로 정성스럽게 기록해야 한다는 것만 잊지 말자.

 일기의 처음에는 언제 쓴 것인지 알 수 있도록 날짜와 요일, 날씨, 그리고 제목을 써 주자. 제목은 일기의 대문과 같아서 제목만 보아도 그 날의 기억을 떠올릴 수 있는 것이 좋지. 예를 들어 오늘 나는 떡볶이를 먹었으니까, 오늘 일기의 제목을 '매콤달콤 맛있는 떡볶이'라고 할 거야.

 일기 쓸 때 오늘 한 일을 순서대로 모두 다 쓰는 친구들도 있어. 그런 일기는 쓸 때에도 나중에 다시 볼 때에도 참 재미가 없어. 매일 매일 똑같이 하는 일을 매일 매일 똑같이 일기에 쓸 필요는 없지. 그날 한 일, 본 일, 들은 일, 생각한 일, 신기했던 일, 기뻤던 일, 슬펐던 일, 잘한 일, 못한 일 중에서 가장 인상 깊었던 내용을 콕 집어서 하나만 골라 봐. 누군가와 주고받은 편지나 읽은 책의 내용을 써도 좋아. 그날의 반성과 내일의 계획도 좋은 글감이야. 그 다음에는 나 자신에게 힘을 주는 특별한 한 마디로 마무리하자.

일기를 쓸 땐 간결하고 솔직하게 쓰고, 지나치게 과장하지는 마. 일기는 있었던 일을 쓰는 것이지 뻥튀기하듯 부풀려서 쓰는 글이 아니야. 한 가지 더 알려 주자면 일기는 원래 '내가', '오늘' 겪은 일을 쓰는 것이잖아. 그러니까 '나는', '오늘은' 등의 말은 쓰지 않는 게 좋아. 다른 친구들은 어떻게 일기를 쓰는지 살짝 훔쳐볼까?

6월 18일 금요일 맑음
내가 왜 그랬지

나는 평소와 달리 아침에 눈을 비비며 늦게 일어났다. 아침을 맛있게 먹고 영어 듣기 숙제를 하고 있는데 잠시 무언가 머릿속에 스쳐갔다. 하지만 그냥 무시하고 계속 숙제를 했다.

몇 시간 후 엄마의 불호령이 떨어졌다. "너 영어 학원 어떻게 된 거야?" 순간 머릿속이 텅 빈 것 같았다. 나는 변명도 할 수 없어 눈물만 계속 뚝뚝 흘렸다.

그러자 엄마께서 다가오셔서 상냥하게 말씀하셨다, "사람은 누구나 실수할 수 있단다. 엄마는 우리 희상이 이해해. 하지만 놓쳐 버린 시간은 되찾을 수 없다는 거 알지. 앞으로는 이런 일 없도록 해라." 엄마의 따뜻하신 목소리가 나의 마음에 사뿐히 들어와 마음을 녹여 주었다.

나는 근심이 조금 없어지자 내 방에 들어가 도화지를 꺼내 큰 글씨로 '방학 기간 생활 계획표'라고 적고 자를 대고 계획표를 만들었다. 그리고 내 책상 앞에 보기좋게 착 붙여 놓았다. 나는 계획표를 들여다보면서 웃음이 나왔다. '내가 왜 그랬지? 학원 가는 걸 잊는 바보가 어디 있담.'

서울 갈현초 5 윤희상

제목만 보아도 희상이가 뭔가 실수를 했구나 하고 짐작하게 돼. 무슨 일이 있었나 궁금하게 만드는 좋은 제목이야. 엄마의 따뜻한 말씀에 차갑게 얼어붙었던 마음이 눈 녹듯 사라지고 다시는 같은 실수를 반복하지 않으리라 다짐하는 희상이의 느낌과 감정이 잘 표현되었어. 이처럼 일기에는 그날 있었던 일을 잘 전달할 수 있는 제목을 적고 그에 대한 나의 느낌을 솔직하고 구체적으로 기록하도록 하자.

7월 7일 목요일 맑음

맑은 생각 밝은 생각

오늘 논술 수업에선 무엇을 배울까 설레기도 하고 긴장도 되었습니다.

선생님께서는 습관에 대해 써 보라고 하셨습니다. 하루 한 번, 다른 사람 칭찬하는 습관부터 하루 일곱 번, 미소 짓는 습관까지 나는 이 열 가지 습관 중에서 편식하지 않는 습관이 제일 마음에 들었습니다. 그 이유는 학교 급식을 먹을 때 선생님께서 급식을 남기지 못하게 하시기 때문입니다. 이런 이유로 편식하지 않는 습관이 마음에 들었던 것입니다. 그리고 편식하는 것은 좋지 않습니다.

저번 주 시간에 썼던 우리들의 작품을 우리들이 심사위원이 되어 평가를 하였습니다. 나는 우리 반 대걸레 사건에 대하여 썼습니다. 이번에는 홍석이와 채연이가 뽑혔습니다. 나도 뽑히고 싶었지만 선생님께서 가르쳐 주신 심사 기준과 친구들의 생각이 맞지 않았나 봅니다.

서울 숭인초 4 김보연

희상이의 실수를 하나 바로잡자면, 일기에서는 '나는' 이라는 말을 적지 않는게 좋다고 했지? 희상이는 '나는'을 한 번도 아니고 여러 번 썼어. 이제 알았으니 같은 실수는 안 할꺼야.

이번에는 보연이의 학습 일기야. 보연이는 글짓기 시간에 배운 내용에 자신이 느낀 바를 곁들여 잘 기록했어. 그런데 보연이가 몇 가지를 빼먹은 것 같아. 대걸레 사건에 대해서 썼다고 했는데 무슨 내용의 사건인지 간략하게 나마 적는 게 좋을 것 같아. 지금은 어떤 일인지 알 수 있지만 먼 훗날 다시 읽게 되면 '어? 무엇이었지?' 하고 기억이 안 날지도 모르니까. 일기는 나의 기록을 남기는 글이기도 하니 충실하게 쓰도록 하자.

> 내가 이걸 왜 적었더라?

주한이는 보연이와는 또 다르게 일기를 썼어. 몽실몽실 하늘에 높이 떠 있는 뭉게구름이나 바스락 바스락 낙엽과도 이야기를 나누는 주한이는 누구와도 친구가 될 수 있을 것 같아. 이처럼 마치 문학 작품을 남기듯이 풍부한 감수성을 가지고 떠오르는 느낌을 섬세하게 표현하는 것도 일기를 쓰는 법 중 하나야. 그야말로 가장 자유로운 형식의 일

> 학습 일기는 공부한 내용을 중심으로 특별히 깨달은 것이나 기억에 남는 장면을 골라 쓰는 일기야.

10월 5일 단풍잎이 예쁜 날
가을입니다

바람이 서늘하게 불어오는 가을입니다. 가을 나들이하는 사람들이 길가의 코스모스와 눈을 맞추는 모습도 눈앞에 선합니다. 파란 하늘에는 빙글빙글 고추잠자리가 맴을 돌고 가을 들길에는 아이들이 신이 나서 뛰어 다닙니다.

가을이 오면 생각도 많아집니다. 파란 하늘을 보며 전학 간 친구에게 편지를 쓰기도 하고 단풍 든 낙엽을 주워 책갈피에 넣어 보기도 합니다. 가을은 독서의 계절이라고 합니다. 춥지도 덥지도 않은 날씨가 저절로 책장을 넘기게 합니다. 《나의 라임 오렌지나무》의 제제가 되어 뽀루뚜가 아저씨와 밍기뉴 나무에 대해 이야기하기도 하고, 《꼬마 물고기의 사랑》을 다시 읽으며 꼬마 물고기의 예쁜 사랑에 격려를 보내 주기도 합니다. 그러면서 우리들 생각의 꿈나무는 무럭무럭 자라나게 됩니다.

가을이 깊어지면 나는 누구와도 친구가 됩니다. 학교 앞 가로수 길을 걸으며 단풍잎과 이야기도 합니다.

"단풍잎아, 너는 떨어질 때 무슨 생각을 하니?"

"단풍잎아, 너의 가장 친한 친구는 누구니?"

서울 갈현초 4 이주한

기라고 생각하면 돼. 오늘 특별히 나의 마음을 사로잡은 사물이나 장면이 있다면 마음껏 상상해서 자유롭게 표현해 보자.

2005년 4월 17일 〈일요일〉, 날씨 : 개나리가 활짝 웃는 따뜻한 날
비눗방울

서울 갈현초 4 최윤영

퐁퐁퐁! 비눗방울이 떨어져요.
가만가만 귀를 기울여 봐요.
퐁퐁퐁! 무슨 소리 안 들리세요?

톡톡톡! 살짝만 건드려도
달아나는 비눗방울이지만요.
톡톡톡! 꼭 노래하는 것 같아요.

후후후~ 입술을 동그랗게 오므리고 불어 보세요.
동그랗고 투명한 새하얀 꽃송이
후후후~ 자꾸자꾸 송이송이 맺히네요.

비눗방울은 꽃다발이 되어
나의 발밑으로 내려가
퐁퐁! 톡톡! 간질간질 간지럼을 피워요.

시 일기는 생활 일기로 쓸 글감을 행과 연을 생각하며, 간결하게 노래하듯이 시로 나타내는 거야.

윤영이는 조금 더 특별한 일기를 썼어. 바로 시 일기야. 비눗방울을 꽃송이로 표현한 게 남다르게 느껴지지? 소리나 모양을 흉내 내는 말이 각 연마다 들어가 있어 더 재미있어. 그런데 약간 지나친 감도 있는 것 같아. 흉내 말을 글에 넣을 땐 쓰기 전에 꼭 필요한 때 쏙 들어가도록 적당한 자리를 먼저 마련해 놓자.

9월 9일

아롱이 형제의 여행

오늘은 일요일인데 밖에 비가 와서 아무데도 놀러 가지 않았다. 그래서 나는 사촌언니가 가져다 준 《아롱이 형제의 여행》을 읽었다. 아롱이와 다롱이는 알고 보니 강아지 형제였다. 아롱이와 다롱이가 어디를 갔을까, 어디를 다녀왔을까 무척 궁금하였다.

주인집 아주머니는 우리 엄마처럼 강아지를 무척 좋아하셨다. 그런데 강아지를 싫어하는 주인집 아저씨는 강아지 형제를 쫓아냈다. 밖으로 나온 아롱이는 다롱이를 꼬셔서 산으로 올라갔다. 그런데 다롱이가 발을 헛디뎌 절벽으로 떨어질 뻔했다. 그 장면에서 내 마음도 콩닥거렸다.

그러자 아롱이는 산에 있는 칡덩굴을 꼬아 한쪽 끝을 대나무에 묶고 다롱이에게 던져 주었다. 아롱이가 힘껏 당기자 다롱이는 아슬아슬하게 구출되었다. 둘은 서로를 끌어안았다. 휴~ 이제야 나도 안심이 되었다.

서울 수색초 2 선연아

멋진 그림일기지? 깜찍한 아롱이 형제와 함께 신 나는 여행길을 떠나고 싶어져. 이처럼 그림일기는 그날 가장 기억에 남는 장면이나 중요한 사건을 그림으로 나타내고, 짤막하게 그에 대한 설명을 쓰는 일기야. 몇 개의 장면으로 나누어 그린 뒤에 말 주머니를 넣으면 만화 일기가 돼.

식물과 동물이 점점 자라나는 모양과 움직임을 잘 관찰하여 그림과 글로 표현하면 관찰 일기가 되지.

바다누리 따라 글쓰기 놀이

일기 잘 쓰기 위한 노랫말 짓기

친구들에게 들려주고 싶은 노래가 있어요. 바다누리가 '일기 잘 쓰기 노래'를 만들었대요. 다 같이 외워서 불러 볼까요? 멜로디는 친구들 마음대로~!

일기 잘 쓰기 노래

1절: 언제 어디서 누가 무엇을 어떻게 왜 했는지 생각해 보자.

2절: 한 일 본 일 들은 일 모두 떠올려 보자.

3절: 기쁜 일 슬픈 일 좋은 일 놀란 일 모두 떠올려 보자.

4절: 엄마 생각 아빠 생각 네 생각 무엇보다 내 생각이 어땠는지 열심히 떠올려 보자.

이제 5절은 친구들이 지어 봐요. 일기를 잘 쓰려면 또 무엇을 해야 할까요?

5절:

감정을 표현하는 글쓰기

일기를 쓰다 보면 나의 느낌과 감정을 표현한 말을 써야 할 때가 많아요. 다음은 느낌과 감정을 표현한 말들입니다. 큰 소리로 따라 읽으면서 좋은 감정일까, 나쁜 감정일까 생각해 봅시다.

- 기쁘다 행복하다 감사하다
- 유쾌하다 시원하다 상쾌하다
- 싱그럽다 환하다 산뜻하다
- 사랑하다 좋아하다 뭉클하다
- 그립다 보고 싶다 두근거리다
- 들뜨다 설레다 간절하다
- 우울하다 슬프다 공허하다
- 지루하다 따분하다 심심하다

이것이 억울합니다.

억울했던 일을 떠올리고 그때 어떤 감정이었는지 설명해 보세요.

이래서 행복합니다.

가장 행복했던 순간을 떠올리고 어떤 느낌이었는지 써 보세요.

사람을 표현하는 글쓰기

사람의 태도나 성품을 나타내기 위해서도 적절한 표현이 필요합니다. 어떠한 표현들이 있는지 알아보도록 해요.

- 얌전한 신중한 사려 깊은
- 한결같은 변함없는 꾸준한
- 정직한 솔직한 진실한
- 용감한 활발한 씩씩한
- 창의적인 적극적인 진취적인
- 분명한 섬세한 치밀한
- 멋진 근사한 매력 있는
- 다정다감한 눈물이 많은 인정 많은

나는 이런 어른이 되겠습니다.

사람의 태도나 성품을 나타내는 말을 써서 내가 되고 싶은 어른은 어떤 사람인지 설명해 봅시다.

여러 가지 방식으로 일기 쓰기

지난 일주일을 떠올려 보고 가장 재미있었던 일을 생각하며 일기를 써 봅니다. 먼저 평소에 쓰던 대로 생활문 형식으로 쓴 다음에, 그림이나 만화로 그려 봅시다. 또 시로도 표현해 봅시다. 삼행시를 짓거나 사진을 붙여도 좋답니다. 여러분의 추억과 생각을 저장할 수 있는 모든 방법이 모두 일기가 될 수 있어요. 이 일기를 10년 뒤에 꺼내 본다는 생각으로 정성을 다해 써 보세요.

생활 일기

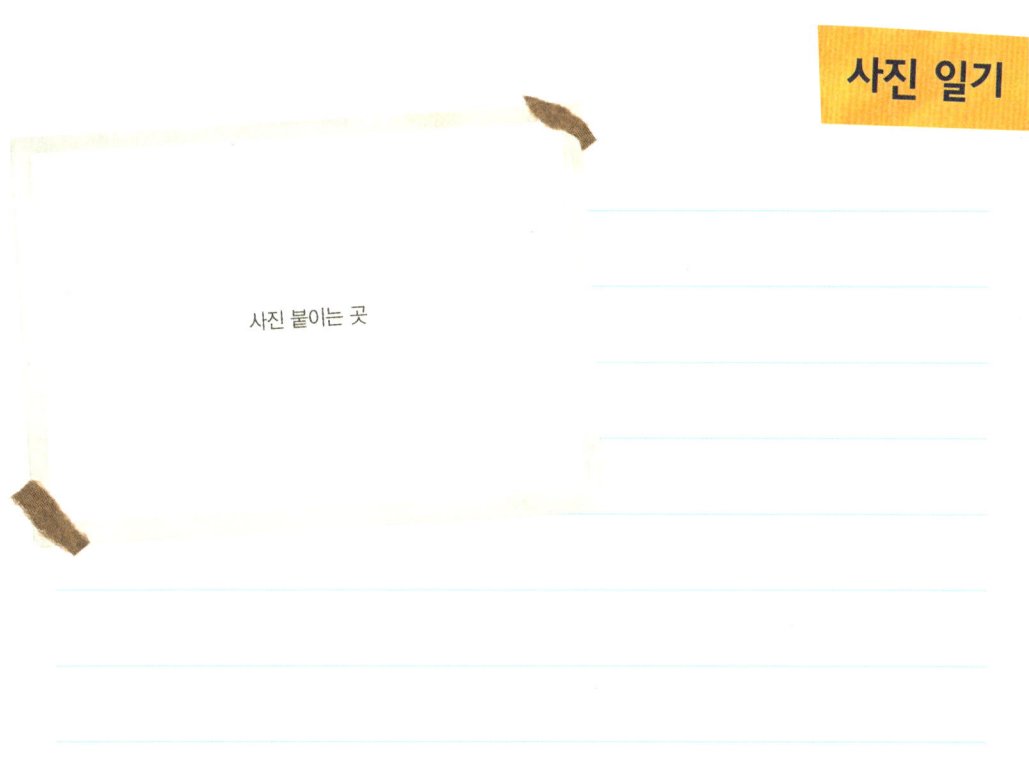

사진 일기

사진 붙이는 곳

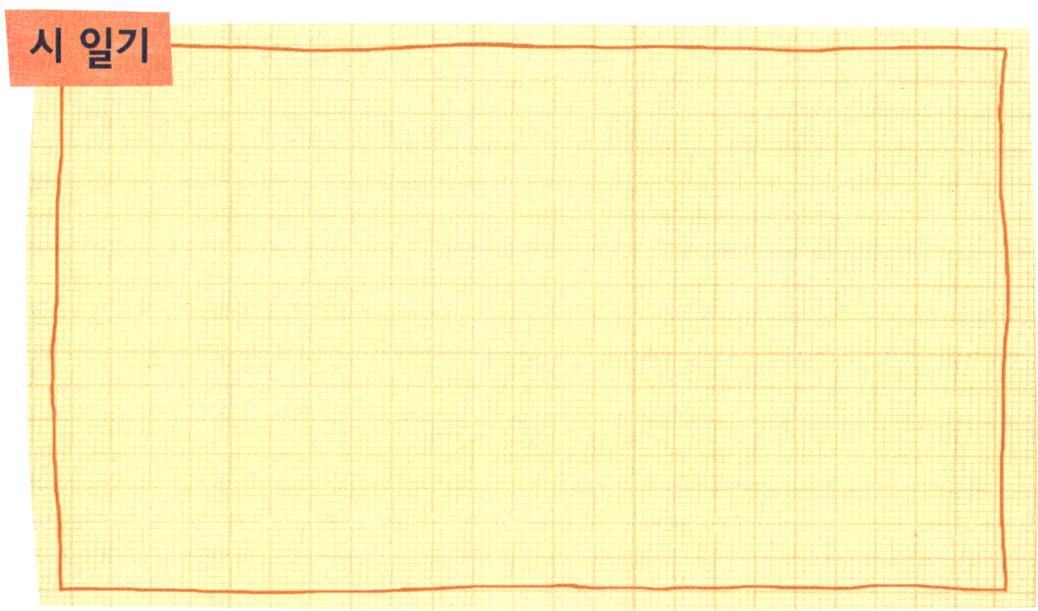

시 일기

기행문 쓰기
순서대로 생생하게 쓰자

쩌릿쩌릿 쏟아지는 햇빛! 8월은 햇살을 맞으며 여행을 떠나기에 딱 좋은 시기야. 나는 여행을 참 좋아해. 평소 내가 사는 곳과는 다른 곳에서 나와 다른 사람, 다른 문화를 만날 수 있으니 얼마나 재미있는지!

여행지에서의 추억을 오래도록 남기는 방법에는 여러 가지가 있지. 가장 많이 쓰는 방법은 아마도 사진을 많이 찍어 오는 것일 테지만, 글로 남기는 일도 색다른 경험이 될 거야.

여행하면서 보고 듣고 겪은 사실과 느낌을 적은 글을 기행문이라고 하는데, 간단히 말하자면 '글로 적은 사진첩'이라고 보면 돼. 멋진 기행문은 여행이 끝난 한참 뒤에라도 그 여행의 달콤한 순간들을 다시 떠올리게 하고, 그곳을 가 보지 않은 사람들에게는 친절한 보고서가 되어 주지.

좋은 기행문은 무엇보다도 생생해야 해. 여행을 가면 신기한 구경도 많이 하고 색다른 경험을 하게 되지만, 여행지에서 돌아오고 나면 금세 잊어버리기 쉬워. 그래서 기행문을 쓸 때는 여행했던 순서대로 차례차례 짚어 가면서 쓰는 게 좋아. 그래야 중요한 내용을 빠트리지 않고, 더 생생한 기행문을 완성할 수 있지.

여행할 때는 가능한 한 아주 꼼꼼히 메모를 하자. 여행을 떠나기 전엔 계획표를 세우기 마련이니까 그 옆에 메모해야 하는 내용도 같이 적어 놓자. 또 왜 이 여행을 하게 되었는지, 어떤 사람들과 같이 갔는지를 적고, 여행지에 대해 미리 조사한 내용을 기록해 두면 유용해.

나중에 여행을 마치고 돌아온 뒤에 이것을 보면서 기대했던 것과 직접 여행을 하며 느꼈던 감정을 비교해서 쓰면 훨씬 더 생생한 기행문이 될 거야.

기행문에 들어갈 내용들

1. 여행한 날짜와 시간
2. 여행하는 목적
3. 여행을 떠나기 전에 느꼈던 설렘이나 기대감
4. 여행지를 향해 달리는 버스 또는 열차 안에서의 기분
5. 여행지에 도착했을 때의 첫 느낌과 그 장소만의 고유한 특징
6. 여행지와 관련된 역사적인 사실과 문화유적
7. 여행지에서 했던 생각과 새로 알게 된 사실

수색초등학교 6학년 어린이들의 여행 계획표

여행 목적 해돋이를 보며 새해 소원을 빌고, 바다의 상쾌한 공기를 마시며 우리 문화재를 본다.

여행 장소 동해 (정동진-강릉)

여행 기간 2005년 12월 29일

참가 인원 수색초등학교 6학년 - 윤태호, 조은비, 강경혜, 최영아

여행 일정 28일 저녁 10시, 청량리 역으로 집합
~ 7:00 정동진 도착, 해돋이를 보며 소원을 빈다.
~ 9:00 아침을 먹고 정동진 주변 바닷가에서 사진을 찍는다.
~12:00 강릉으로 가서 경포대를 구경한다. (자전거 타기)
~16:00 점심을 먹고 참소리 박물관으로 간다.
~19:00 오죽헌을 들러 신사임당과 율곡 이이 선생님을 느껴 본다.
~21:00 돌아오는 차 안에서 느낀 점을 이야기한다.

여행 경비 차비(40,000원) + 식비(15,000원) + 입장료(2,500원) + 자전거 대여료(3,000원) + 비상금
= 총 65,000원

준비 할 일 은비 - 해돋이 시간과 기차 시간 알아보기, 간식 준비하기
태호 - 정동진과 경포대에 대해 알아보기, 카메라 준비하기
경혜 - 오죽헌(신사임당, 율곡 이이)에 대해 알아보기
영아 - 참소리박물관에 대해 알아보기, 기차에서 할 수 있는 게임 준비하기

금강산을 다녀와서

나는 2박 3일로 금강산을 다녀왔다. 수색초등학교에서 가장 재능 있는 어린이로 뽑혔기 때문이다. 서울 학생 300명이 같이 갔다.

일만 이천 봉우리나 된다는 금강산에 가는 것이다. 금강산의 이름은 여러 가지여서 계절 따라 파릇파릇 새싹이 움 트는 봄은 '금강산', 이파리가 무성해지는 여름은 '봉래산', 그 잎이 더 아름다워지는 가을은 '풍악산'이라고 부른다고 한다. 겨울의 금강산은 '개골산'이라 불린다는 금강산에 대한 기대로 부풀어 나는 잠이 오지 않았다.

새벽 5시에 집을 나와서 버스와 배를 타고 금강산으로 향했다. 첫째 날에는 금강산에 도착하여 숙소 배정을 받고 온천과 석식을 하였다. 금강산에서 처음 먹는 음식이라 그런지 정말 꿀맛이었다. 가는 길에 친구들도 사귀어 더 즐거웠다. 그렇게 꿈 같은 하루가 지나갔다.

둘째 날에는 아침 식사를 하고 만물상에 갔다. 만물상에는 아름다운 돌들이 많았다. 집채만 한 고래바위, 우리학교 구령대만 한 거북이바위, 내동생 책가방만 한 토끼바위까지 여러 가지 동물 모양의 바위가 있어서 '동물의 왕국'이라고 불린다고 한다. 또한 그곳에는 북한 사람이 많았다. 말투가 조금 웃겼다. 북한 사람들은 상상했던 것보다 인정이 많으신 것 같다. 우리랑 모르는 사이지만 반갑다고 손을 흔들어 주신다. 무거운 짐을 들고 가시면서도

반갑게 손을 흔들어 주셨다. 그런데 떨어져 살아야만 한다니 가슴이 아팠다.

만물상 정상에서 그리기 대회를 했다. 나는 마음이 편안해진 뒤 '만물상'을 그렸다. 우람한 바위와 폭포, 나무와 꽃 등을 그렸다. 그렇게 둘째 날도 지나갔다.

마지막 셋째 날은 해금강과 삼일포에 갔다. 사진도 많이 찍고 아름다운 풍경들도 머릿속에 입력해 두었다. 정말 잊지 못할 것이다.

우리 할아버지의 고향은 평양이다. 저번 이산가족 상봉 때 신청을 하셨다. 할아버지께서는 가족들을 만날 생각에 무척이나 즐거워하셨다. 그러나 안타깝게도 못 만나셨다. 그런 할아버지의 모습을 보고 통일이 빨리 되었으면 좋겠다는 생각이 많이 들었다. 그래서 할아버지 생각을 하면서 북한 사탕을 한 봉지 샀다. 할아버지께서 어린아이처럼 기뻐하실 생각을 하니 저절로 기분이 좋아졌다.

알차고 보람 있게 보낸 2박 3일의 금강산 여행이었다. 새로 사귄 친구들과 서울에 가서도 더 친하게 지내고 싶다. 남한에 있는 모든 사람들이 함께 올 수 있는 날을 빌면서 버스에서 내렸다.

서울 수색초 6 조은비

짝짝짝짝! 멋진 기행문이다! 금강산에 가게 된 동기와 떠나기 전 기대감으로 흥미롭게 기행문을 시작했어. 금강산에 대하여 사전 조사를 하는 것도 잊지 않은 걸 보니 글을 많이 써 본 솜씨 같은걸? 금강산을 뒤로 하며 집에 돌아올 때의 기분까지 써 주어 다시 읽고 싶은 기행문이 되었어. 이렇게 글로 남겼으니 은비는 금강산에서 있었던 소중한 경험들은 평생 잊지 못할 거야.

바다누리 따라 글쓰기 놀이

여행 계획표 짜기

즐거운 여행이 되기 위해서는 떠나기 전에 여행 계획을 세우는 일이 필요해요. 이번 여름 방학에는 여행을 떠나기 전에 꼭 계획표를 만들어 보세요. 가족과 함께 떠나는 여행이라면 모여서 다 함께 계획을 짜 보세요.

여행 계획표를 효율적으로 짤수록 여행의 추억은 풍성해져요.

여행 계획표

여행 목적	
여행 장소	
여행 기간	
참가 인원	
여행 일정	
여행 경비	
준비할 일	

여행하면서 메모할 내용

여행 사진첩 만들기

사진은 여행의 중요한 기록이 되지요. 여행의 추억을 남기는 좋은 방법이랍니다. 친구들도 여행을 갈 때마다 사진을 많이 찍었을 거예요. 그 중 가장 애착이 가는 사진 한 장을 골라 누구와 함께 어디서 찍은 사진인지, 지금 다시 보니 어떤 느낌이 드는지 추억을 떠올리며 글로 표현해 보세요.

사진 붙이는 곳

놀라움을 표현하는 글쓰기

여행을 하다 보면 눈이 둥그렇게 변할 때가 많아요. 새로운 것을 접하는 일도 여행의 재미입니다. 여행의 소감을 글로 표현하려면 평소보다 과장해야 할 때도 있지요. 이때 유용한 것이 영탄법과 반복법이에요.

영탄법은 감탄사를 이용해서 감정을 직접 표현하는 것을 말해요. 기쁨, 슬픔, 놀라움 등 감정을 강하게 표현할 때 느낌표와 함께 쓴답니다. 반복법은 뜻을 강조하고 흥미를 끌기 위해 같은 말이나 구절을 되풀이하는 것을 말해요. 다가올 가을 풍경을 영탄법과 반복법을 이용해서 표현해 봅시다.

예) 와우! 저것 좀 봐.
   오! 보고 싶은 친구야! _영탄법

예) 나무 나무 동백나무
   해야 솟아라 해야 솟아라
   고운 해야 솟아라. _반복법

예) 아아! 가을에는 하늘은 푸르고,
   아아! 가을에는 하늘은 푸르고 내 마음도 푸르고, _영탄법+반복법
   아아! 가을에는 하늘은 드높고 내 마음은 푸르고 강물도 푸르고.

기행문 쓰기

가장 인상 깊게 가슴에 남아 있는 여행을 떠올려 보세요. 언제, 누구와, 어떤 곳에서 어떤 사실을 통하여, 무슨 느낌을 받았는지 여행의 감동을 기행문으로 남겨 봅시다.

기행문의 개요

1. 언제 한 여행인가요?
2. 왜 여행을 떠났나요?
3. 여행을 떠나기 전에 어떤 기분이었나요?
4. 여행지를 향해 가면서 무엇을 보았나요?
5. 여행지에 도착했을 때의 첫 느낌이 어땠나요?
6. 여행지에서 어떤 것을 보았나요? 새로 알게 된 사실은?
7. 여행지에서 어떤 생각을 했나요? 돌아온 뒤에는요?

1
2
3
4
5
6
7

독서 감상문 쓰기
나만의 생각과 느낌을 쓰자

가을의 대문 9월에는 책 속 세상에 푹 빠져 볼까요?

6월의 독서록 쓰기를 기억하나요? 책을 읽으며 밑줄을 긋고 메모하고 요약하여 정리하는 법을 배웠지요? 이제 좀 더 나아가 본격적으로 독서 감상문을 써 봐요.

독서 감상문은, 책을 읽으면서 마음으로 보고 살피고 느낀 것을 알맞은 형식으로 나타낸 글이에요. '책을 읽고 어떤 생각을 했나요?', '책을 읽기 전과 읽은 뒤에 나는 어떻게 변했나요?' 이 두 가지가 가장 중요하답니다. 사람마다 지문과 귓바퀴의 모양이 제각기 다른 것처럼 책을 읽고 난 뒤의 생각이나 느낌도 저마다 다를 거예요. 그러니 책을 읽고 나서 느낀 바를 내게 가장 잘 맞는 형식으로 자유롭게 쓰면 되지요. 글쓰기는 수학 문제처럼 정답이 있는 게 아니니까 더 재미있어요.

일기에서는 '나는'이라는 말을 굳이 쓸 필요가 없지만, 독서 감상문에서는 '나는', '내가'라는 말을 문장 속에서 알맞게 사용해서 나만의 생각과 느낌이라는 것을 강조하도록 해요.

욕심을 부려 길게 늘여 쓰면 지루한 글이 되고 말아요. 책 전체에서 느낀 것을 짧게 정리하는 연습을 해 보아요.

독서 감상문 쓰는 순서

처음
- 읽은 책의 제목이 아니라 따로 감상문의 제목을 정해요.
- 어떻게 해서 이 책을 읽게 되었는지, 책이나 작가에 대해 다른 사람에게 어떤 이야기를 들었는지 써요.
- 표지의 그림이나 글씨체 등 책을 처음 대했을 때의 느낌을 써요.

가운데
- 줄거리를 간단하게 정리하고 사이사이에 내가 느꼈던 바를 함께 적어요. 줄거리를 그대로 요약하는 건 재미없어요.
- 가장 인상 깊었던 장면이나 중요한 문장 등을 짧게 소개해요. 왜 그 장면이 기억에 남는지도 써요.
- 주인공과 나의 생활이나 행동을 비교해서 써요. 내가 만약 주인공과 같은 상황에 놓였다면 어떻게 행동했을까를 생각해 보아요.
- 책 내용이 무조건 옳다고만 쓰지 말고 옳고 그름을 냉정히 가려요. 주인공이나 작가의 생각과 다른 부분이 있다면 써 주어요.

끝
- 책을 읽고 나서 느꼈던 감동을 간단하게 정리해요. 마치 광고하는 것처럼 책의 좋은 점, 추천하고 싶은 이유를 써도 좋아요.
- 어떤 점을 깨달았는지, 어떤 결심을 하게 되었는지 나만의 특별한 한 마디로 마무리해요.

맑은 눈을 가진 금발의 소년 어린왕자에게

　어린왕자야, 안녕? 나는 네가 방문했던 지구라는 별에 살고 있는 이지훈이라고 해.

　내가 너를 처음 만났을 때는 찬바람이 쌩쌩~ 하고 불던 겨울이었어. 바람결에 휘날리는 금빛 머리, 맑고 맑은 눈동자, 장난을 치면 환하게 웃어 줄 것 같은 순수함, 그리고 여섯 개의 별 이야기 때문에 너에게 끌리게 되었어. 너는 숫자를 먼저 생각하고 물질적인 욕심을 가지고 있는 어른들을 정말 싫어하는구나? 순수함에 가득 찬 너는! 당연히 싫어했겠지. 나도 그런 어른들은 딱 질색이니까 말이야.

　'창틀에는 붉은 제라늄 꽃이 피어 있고, 지붕에는 비둘기들이 놀고 있는 아름다운 붉은 벽돌집을 봤다고 하면 어른들은 잘 알아듣지 못하지요. 그 집이 얼마나 아름다운지 모를 거예요. 그렇지만 1억짜리 집을 봤다고 하면 그 집이 얼마나 크고 아름다운지 금방 알아차리죠.'라는 말을 너에게서 듣고 난 뒤 나는 참 많은 생각을 하게 되었어. 내 주위에 있는 어른들도 숫자를 먼저 계산하는 어른들이 많이 있었거든. 나는 어른이 되어도 순수한 마음을 지니겠다고 너랑 약속할게. 꼭 말이야.

　그런데 지금 이 책을 쓴 생텍쥐페리 아저씨가 행방불명이 된 상태래. 하지만 나는 아저씨가 어디 계시는지 알 것만 같아. 네가 살고 있는 별에 가서 해가 지는 것을 보고 계실 것 같아. 나는 그렇게 믿어. 그럼 안녕.

2005년 3월 18일 금요일
너의 별에 꼭 가 보고 싶은 지훈이가.

　추신: 너의 별에 꼭 초대해 줘.

서울 숭인초 6　이지훈

지훈이는 《어린왕자》라는 책의 주인공에게 편지를 썼어요. 어린왕자와 같은 순수함을 오래도록 간직하고 싶은 지훈이의 마음이 그대로 녹아 있군요.

이처럼 편지 형식의 독서 감상문은 마치 내가 진짜 그 책의 등장인물이 된 듯한 느낌을 갖게 해요. 편지 쓰기를 통해 주인공에게 말을 걸며 스스로가 작품 속의 등장인물이 되는 거예요!

유빈이는 책에서 받은 느낌을 색깔로 표현했어요. 덕분에 자신만의 개성 있는 글을 완성했군요. 자신의 생활과 연결해서 쓴 점을 칭찬하고 싶어요. 좋은 독서 감상문에는 자신만의 생각이나 느낌이 구체적으로 나타나 있지요.

《마음이 자라는 소리》를 읽고

가족 간의 사랑을 색깔로 표현한다면 어떤 색이 될까? 마음이 저절로 따뜻해지는 연분홍? 언제나 푸르른 봄처럼 싱그러운 초록색? 이 책을 읽고 나서 '와~ 어떻게 이런 예쁜 글을 쓸 수 있었을까?'라는 생각이 들만큼 이 책은 가족 간의 사랑을 꾸밈없고 아름다운 색으로 그려 낸 좋은 동화였다. **(중략)**

이 책을 접하고부터는 아버지 어머니께 감사하다. 지금까지 부모님께 했던 철없는 행동들이 죄송스럽고, 앞으로는 더욱 잘 해 드려야겠다는 생각이 들었다.

최근에 우리나라가 이혼율이 세계 최고가 되었다는 소식을 들었다. 이혼을 하는 사람들이 이 책을 읽고 헤어진 가족들을 떠올리며 다시 행복해졌으면 좋겠다. 그렇게 많은 가족들이 행복해져서 앞으로는 이 세상에 가족 간의 불화와 슬픔, 힘들고 괴로운 것들이 모두 사라지길 바란다.

서울 일신초 6 서유빈

감동의 메아리, 《세라 이야기》를 읽고

세라는 다락방의 하인 생활에서 벗어난 후에, 톰 아저씨와 함께 즐거운 시간을 보냈답니다.

라랄라 소풍도 가고, 친구들과 모여 이야기도 나누고, 그러면서 세라가 하고 싶었던 공부를 가장 열심히 하였습니다.

이렇게 시간이 흘러 세라는 선생님이 되었습니다. 마음 넓고, 이해심 많은 선생님이 되었지요.

야망을 가지고 꿈을 꾸었던 세라는 다락방에서도 희망을 놓지 않은 덕분에 이렇게 행복한 나날을 보낼 수 있게 되었답니다.

기적을 믿나요? 기적 같은 이야기, 노력과 진심이 통한 것이랍니다.

서울 숭인초 3 강다운

책 제목을 첫 글자로 하여 이어쓰기를 한 독특한 형식의 독서 감상문이에요. 여러분이 읽은 책 내용을 이렇게 친구에게 소개해 보세요. 중심 내용을 담아 알맞게 이어 쓰면, 길게만 느껴지던 이야기가 한눈에 들어오지요. 색다른 재미도 있고요. 책을 꼼꼼히 읽었다면 글쓴이가 어떤 얘기를 전하려고 했는지 잘 짚어 낼 수 있을 거예요.

꼭 제목 이어쓰기가 아니라도 괜찮아요. 책의 내용을 아주 간단하게 표현하는 연습을 해 보세요.

책에서 가장 중요한 내용이 무엇인지 생각해 보세요.

책 내용을 그림으로 표현하기

책을 읽은 다음에는 내용을 다시 한 번 떠올리면서 그림으로 그려 보세요. 그러면 기억이 더 생생하게 보관되고 덧붙여서 할 수 있는 이야깃거리도 많아질 거예요. 이제 여러분의 기억 장치는 잠금 끝! 사랑받는 작가 탄생만 남았어요.

권정생 선생님의 동화 《몽실언니》를 읽고 기억에 남는 장면을 하나 골라 그림으로 그려 보세요. 아주 오래도록 특별한 기억으로 남을 거예요.

> 음악이나 그림, 날씨, 특별한 물건 등 다른 요소가 더해졌을 때 기억이 더 잘 떠오른다고 해요.

기억에 남는 장면 쓰기

그림으로 그리기

명작 속 두 주인공 비교해 보기

동화 《백설공주》와 우리의 신화 《바리공주》를 읽고 둘을 비교해 보세요. 누가 더 행복할까요? 나라면 어떤 사람이 되고 싶은가요?

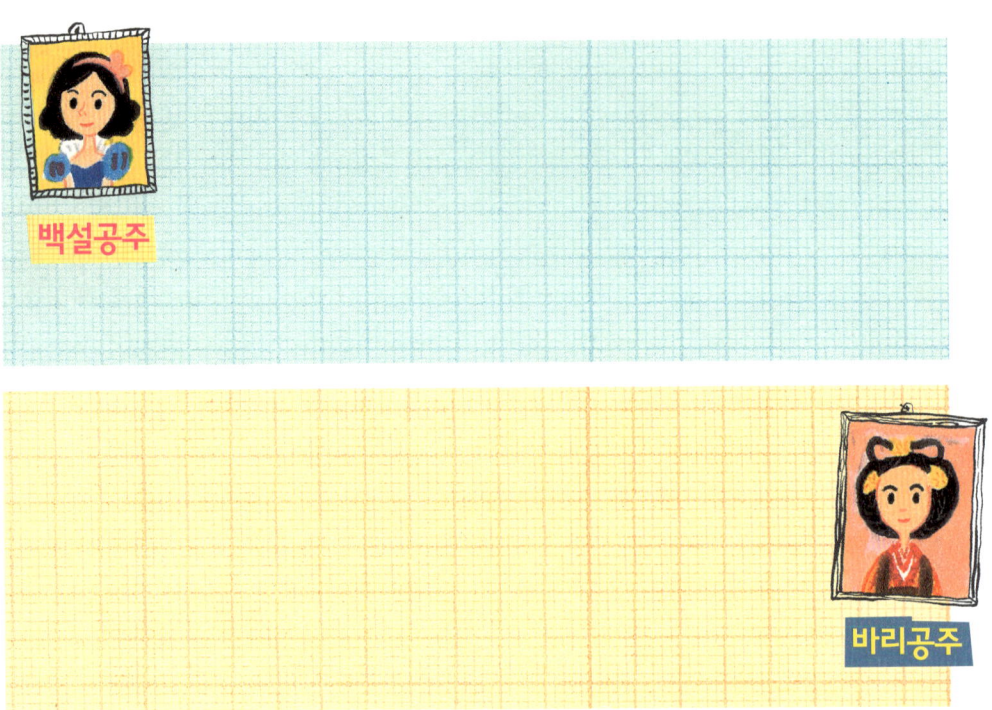

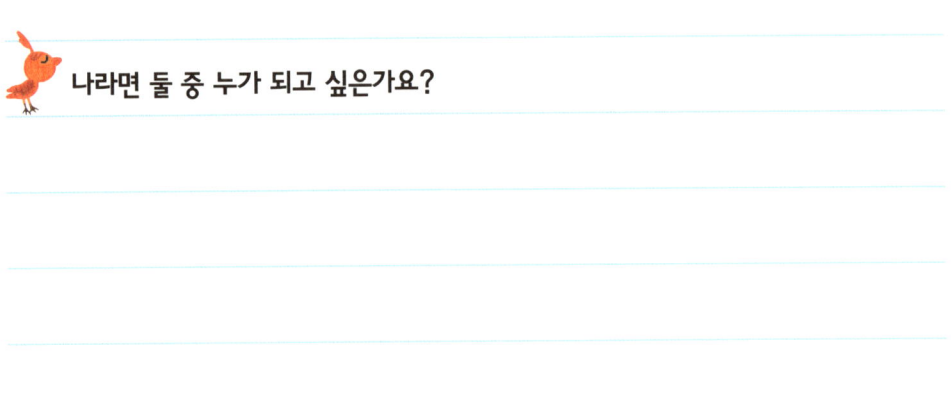 나라면 둘 중 누가 되고 싶은가요?

책 속 좋아하는 구절 찾아서 적어 보기

독서 감상문을 쓸 때는 책 속 인물이 했던 인상적인 말이나 가장 좋아하는 구절을 짧게 써 주기도 해요. 책 속에서 좋아하는 구절을 찾아서 그대로 적어 보세요.

읽는 사람의 이해를 돕기 위해서 인물의 말이나 책 속 구절을 그대로 적어 주는 것을 **인용**이라고 해요.

책의 주제를 찾아 한 문장으로 나타내기

모든 책 속에는 작가가 전하려고 하는 주제가 있게 마련이에요. 책 속에 꼭꼭 숨어 있는 주제를 찾아 한 문장으로 적어 보세요.

여러분이 작가가 된 것처럼 구체적으로 책의 주제를 소개해 보세요.

독서 감상문을 처음, 가운데, 끝으로 나누어 써 보기

가장 최근에 재미있게 읽었던 책 가운데 하나를 골라 보세요. 지금부터 그 책의 독서 감상문을 처음, 가운데, 끝으로 나누어서 써 볼 거예요. 잘 따라해 보세요.

처음

- 책의 제목 말고 내가 지은 독서 감상문의 제목을 쓰세요.

- 왜 이 책을 읽게 되었는지 쓰세요.

- 이 책의 첫 인상이 어땠는지 쓰세요.

가운데

- 책의 줄거리를 소개하면서 나의 느낌이나 생각을 같이 적으세요.

🐑 나의 생활이나 또 다른 책, 영화 등의 내용과 비교도 해 보세요.

🐦 책을 읽고 난 뒤의 감상을 한 문장으로 나타내 보세요.

끝

🐦 친구들에게 이 책을 추천한다면 그 이유는 무엇인지 써 보세요.

동시 쓰기
어린이답게, 노랫말처럼 쓰자

　마음 열고 하늘을 보세요! 온 세상이 내 친구랍니다. 파란 하늘을 보면 내 마음까지 푸르러 지는 것 같지요. 맑은 하늘 아래에서 우리 같이 시인이 되어 보는 게 어떨까요?

　동시는 짧은 시간에 우리의 마음에 감동을 주는 마법 같은 힘이 있어요. 쓸쓸한 어린이에게는 넉넉함을, 마음이 건조한 어린이에게는 단비처럼 촉촉함을 줄 거예요.

　시란, 특별히 애정을 담아 눈 여겨 살핀 것을 잘 가다듬어서 마치 노랫말처럼 리듬에 맞춰 쓰는 거예요. 상상 속에선 무슨 일이든지 가능해요. 시간과 공간의 벽을 뛰어넘고 바람을 만나고 단풍잎과 이야기하고 강물에게 말을 건넬 수가 있어요. 시는 이렇게 자유롭게 상상한 바를 낱말 하나하나에 담아 만드는 예쁜 글이랍니다.

시에 쓰이는 말은 마치 노랫말처럼 운율이 있으며, 모양, 소리, 빛깔, 맛, 냄새, 살갗의 느낌 등이 살아 있다는 게 특징이에요. 그래서 시를 읽으면 우리말의 아름다움을 느낄 수가 있지요.

시를 쓰는 일은 단어 하나하나에 나만의 빛을 던져 주는 것과 같아요. 좋은 동시에는 흔하게 쓰이는 뜻 말고 내가 부여한 뜻이 잘 숨어 있지요.

동시를 쓸 때에는 이렇게 해 보아요.

① 그림을 그리듯 구체적으로 표현해요.

보민이는 예쁘다. (구체적이지 않아서 그림이 안 떠올라요.)

보민이는 우유빛 뽀얀 피부에 눈썹은 초승달 같고 입술은 앵두같이 붉다.

(구체적이어서 그림이 그려져요.)

② 자연이나 사물을 사람처럼 상상해서 표현해요. 모양이 없는 것도 마치 보이는 것처럼 상상해서 적어요.

연필을 졸졸 따라다니는 지우개와 '너 어디서 왔니?' 째려보는 연필!

(연필과 지우개를 사람처럼 상상하여 표현했어요.)

강물에 앉아서 쉬고 있던 가을바람이 두 팔을 쭈욱 뻗으며 산 위를 향해 달려가고 있다. (모양이 없는 가을바람을 모양이 있는 것처럼 상상하여 표현했어요.)

③ 소리나 모양을 흉내 낸 말을 사용해요.

탱글탱글 노란 귤 익어 가는 과수원 (모양을 흉내 낸 말)

딩동딩동 어디서 들려오는 종소리 (소리를 흉내 낸 말)

④ 군더더기 말을 빼고 간결하게 리듬을 살려 써요.

성냥갑처럼 다닥다닥 붙어 있는 복잡한 도시의 건물에도 가을은
시골이든 서울이든 차별하지 않고 찾아옵니다. (처음에 쓴 글)

복잡한 도시의 건물에도 가을은 차별하지 않고 찾아옵니다. (수정한 글)

도시의 건물에도 가을은 찾아옵니다. (완성된 글)

⑤ 행과 연을 알맞게 나누어 써요.

수정이는 보랏빛 코스모스 닮았어요 (1행)

어깨는 으쓱으쓱 저절로 춤을 추고 (2행)

울 언니 거울을 보듯 웃음 짓는 너와 나 (3행)_1연

엄마처럼 따스히 내 마음의 해가 되고 (1행)

아빠처럼 총총히 내 눈 속의 별이 되는 (2행)

내 친구 빨간 노을처럼 저 하늘 물들여요. (3행)_3연

친구들은 어떤 시를 썼을까요?

꽃샘추위

서울 길현초 4 최윤영

겨울은 봄이 꽃을 피우는 걸
못마땅해 한다.

봄이 꽃을 피우는 게 싫어서
겨울은 바람을 보내
자꾸 방해한다.

겨울은 봄이 따듯해지는 걸
못마땅해 한다.

봄에 냇물이 풀리는 게 싫어서
겨울은 추위를 보내
계속 방해한다.

꽃샘추위가 오면 갑자기 쌀쌀해진 날씨에 사람들은 따뜻한 옷을 다시 꺼내 입고 다녀요.

꽃샘추위는 눈으로 보이거나 만져지는 것이 아니지요, 그런데 윤영이는 봄을 시샘하는 꽃샘추위를 마치 사람처럼 실감나게 표현했어요. 그래서 더 재미있는 시가 되었답니다.

꽃샘추위는 초봄에 날씨가 풀린 뒤 다시 찾아오는 일시적인 추위를 가리키는 말이에요. 꽃이 피는 것을 시샘하는 듯 춥다고 해서 붙여진 이름이지요.

> ## 녹차 마시기
>
> 서울 일신초 6 이현동
>
> 뽀글뽀글
> 물 끓이고
>
> 쪼르륵 쪼르륵
> 물을 따른 후
>
> 후루룩 후루룩 녹차를 마신다
>
> 녹차를 마시며 책장을 넘기네
> 책장 속이 환해지네.

    시를 쓸 땐 단어를 짜임새 있게 배열하는 일이 중요해요. 집을 지어 올리는 것처럼요. 현동이의 시에는 물을 끓이고 따른 뒤에 녹차를 마시며 책장을 넘기는 과정이 차례대로 나타나 있어요. 실제 있었던 일을 잘 정리했지요. 여기서 끝났다면 그저 그런 시가 되었겠지만 '책장 속이 환해지네'라는 생각의 문장을 한 줄 곁들이니 아주 멋진 시가 되었어요!

편지

서울 갈현초 5 강한솔

새싹이 파릇파릇 단풍잎 되어 갈 쯤
이사 간 친구의 얼굴은 가물가물
보고파 친구의 웃음 낙엽만 빙그르르

전화벨 안 울리나 전화기에 솔깃솔깃
편지는 안 왔나 편지함만 기웃기웃
오늘은 오지 않을까 기다리며 조마조마

내 마음 담고파 친구 마음 알고파
꽃씨 심듯 편지지에 한자 한자 옮긴다
백만 번 편지 쓴다 해도 그리움 더해 간다.

가물가물, 빙그르르, 기웃기웃 등 흉내 내는 말이 재치 있게 들어간 시예요. 전학 간 친구가 그리워서 전화기와 편지함을 기웃거리는 한솔이의 예쁜 마음이 잘 와 닿지요. 이처럼 시는 반가운 소식을 접할 때처럼 마음이 따듯해지는 한 통의 편지와도 같은 거랍니다.

시에서는 한 줄을 '행', 줄이 모여서 한 덩어리가 된 것은 '연'이라고 해요. 행과 연이 조화롭게 어우러져야 좋은 시랍니다. 한솔이의 시는 3연 9행으로 이루어졌어요.

하늘새미 따라 글쓰기 놀이

동시의 글감 찾기

바로 여러분 곁에 있는 보이는 것, 들리는, 것, 먹는 것, 입는 것, 경험한 것 모두 동시의 글감이 될 수 있어요. 그것을 그대로 적으면 기록에 그치지만, 나의 마음에 특별히 와 닿는 것을 뽑으면 시가 되지요.

방 안을 둘러보고 숨어 있는 시의 글감을 5가지 찾아보세요. 어떤 점이 특별히 마음에 와 닿았는지도 써 보세요. 눈을 크게 뜨고, 귀를 쫑긋 세우고, 가슴을 활짝 열고 시작!

1 ....

2 ....

3 ....

4 ....

5 ....

무생물도 살아 있는 것처럼 여기기

연필, 지우개, 책가방, 머리핀, 모자, 신발 등 우리는 수없이 많은 무생물에 둘러싸여 생활하고 있지요. 이들에게 '너는 누구니?' 하고 물어본다면 어떨까요? 그리고 여러분이 연필이 되어, 지우개가 되어, 책가방의 입장이 되어 대답한다고 상상해 보세요. 이런 상상들이 시인이 되는 첫걸음이랍니다.

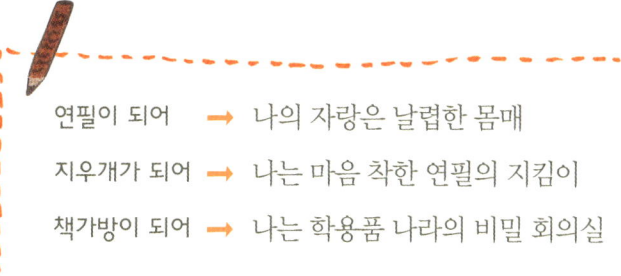

연필이 되어 ➡ 나의 자랑은 날렵한 몸매
지우개가 되어 ➡ 나는 마음 착한 연필의 지킴이
책가방이 되어 ➡ 나는 학용품 나라의 비밀 회의실

머리핀이 되어 ➡ ....

모자가 되어 ➡ ....

신발이 되어 ➡ ....

내가 좋아하는 낱말로 노랫말 바꾸기

여러분이 좋아하는 낱말을 공책에 적어 보세요. 봄, 꿈, 노래, 우정, 양지꽃, 연분홍, 새벽, 약수터, 편지, 하늘 등 뭐라도 좋아요. 30개 이상 써 보세요. 그러고 나서 그 낱말들을 이용해서 노랫말을 바꾸는 놀이를 해 보세요.

윤석중 선생님의 '낮에 나온 반달'의 노랫말을 한번 바꾸어 볼까요?

낮에 나온 반달은 하얀 반달은 →	봄에 피는 양지꽃 노랑 양지꽃
해님이 쓰다 버린 쪽박인가요 →	달님이 같이 놀던 별님인가요
꼬부랑 할머니가 물 길러 갈 때 →	새벽녘 우리 아빠 약수터 갈 때
치마끈에 달랑달랑 채워 줬으면 →	발길마다 방실방실 피어났으면

이번엔 여러분 차례예요. 좋아하는 낱말로 '퐁당퐁당'의 노랫말을 바꾸어 보세요.

퐁당 퐁당 돌을 던지자 →
....

누나 몰래 돌을 던지자 →
....

냇물아 퍼져라 멀리 멀리 퍼져라 →
....

건너편에 앉아서 나물을 씻는 →
....

우리 누나 손등을 간질어 주어라 →
....

과장해서 표현하기

과장법은 실제보다 훨씬 더하게 또는 훨씬 덜하게 과장해서 표현하는 글쓰기 방법이에요. 사람들이 무더운 여름에 '더워 죽겠다'라는 말을 하는데 이것도 과장법이에요. 정말로 죽을 만큼 더운 것은 아니지만 이렇게 표현해서 자신이 지금 덥다는 것을 강조하는 것이랍니다.

이제 여러분이 좋아하는 계절을 하나 골라서 얼마나 이 계절을 좋아하는지 과장법을 사용해서 표현해 보세요.

동시조 지어 보기

동시조도 동시처럼 생각과 느낌을 리듬감 있게 표현한 글을 말해요. 다만, 동시조는 정해진 형식이 있다는 점이 다릅니다. 시조는 3장 6구 45자 내외로 딱 맞춰서 써야 해요. 보통 한 줄을 한 장, 두 단어를 한 구라고 생각하면 쉬워요. 글자 수와 마디 수가 정해져 있기 때문에 보통 시에 비해 리듬감이 더 강하게 느껴지는 게 특징이에요.

태산이 / 높다하되 // 하늘아래 / 뫼(山)이로다 _초장 (4마디 2구)
오르고 / 또 오르면 // 못오를 리 / 없건마는 _중장 (4마디 2구)
사람이 / 제 아니 오르고 // 뫼만 높다 / 하더라 _종장 (4마디 2구)

시조의 첫 줄을 초장, 둘째 줄을 중장, 마지막 줄을 종장이라고 해요. 글자 수는 상황에 맞게 조금씩 변형해도 상관없지만 꼭 지켜야 하는 부분이 있지요. 바로 종장의 첫 단어는 반드시 3글자여야 한답니다.

달님은요 / 해님을 // 본적이 / 있을까요 _초장
4글자   3글자   3글자   4글자

해님은 / 달님을요 // 잘 알기나 / 할까요 _중장
3글자   4글자   3글자   4글자

•해와 달 / 우리 몰래 약혼해 // 아기별 / 태어났나요? _종장
반드시 3글자   7글자   3글자   5글자

서울교대 강경호 교수

빈 칸에 낱말을 넣어서 동시조를 지어 보세요. 숫자는 빈 칸에 들어갈 글자 수랍니다. '내 생각이 최고다!'라는 믿음을 가지고 마음 가는 대로 쓰는 것이 가장 좋아요. 다만 시조의 형식은 꼭 지켜 주세요.

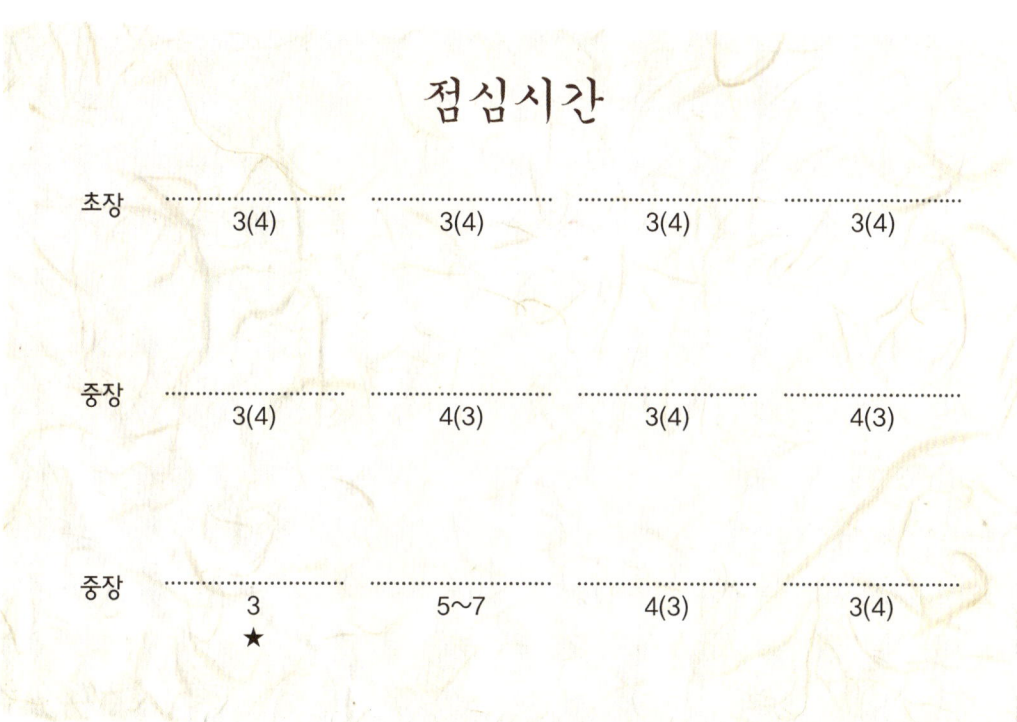

동시 쓰기

'아빠'에 대한 동시를 하나 써 볼까요? 잘 따라서 해 보세요.

1. '아빠'하면 무엇이 떠오르나요? 가장 먼저 생각나는 것을 써 보세요.
   그게 바로 동시의 주제가 된답니다.

   → 아빠의 커다란 손

2. 아빠와 얽힌 이야기, 떠오르는 단어, 문장 등을 생각나는 대로 써 보세요.
   동시의 글감이 될 거예요.

   → 솔밭길, 노을빛, 목마, 흐르는 시간,
   넘어질까 꼭 잡은 아빠 손,
   내 손, 따뜻하게 물듭니다.

3. 떠오른 글감을 처음, 가운데, 끝으로 나누어서 어떻게 넣을지 구성해 보세요.
   그리고 그에 맞게 동시를 지어 보세요.

   → 노을빛에 젖어 버린 따뜻한 솔밭길에
   어린 딸 넘어질까 목마 태운 아버지
   꼭 잡은 아빠의 손은 크기만 했습니다.

   "아빠야! 이제 나도 아빠 손만 하네요"
   쉬지 않고 흐르는 시간이란 빛깔에
   아빠의 커다란 손도 자꾸만 작아집니다.

 이제 여러분 차례에요.

제목:

우리말 살려 쓰기
고유어와 속담을 적절히 넣어 쓰자

 이제 겨울을 준비하기 위해 조금씩 걸음을 빨리 해야겠어요. 11월에는 아름다운 우리말에 대해서 공부해 볼까요?

 우리말에는 조상들의 멋과 지혜와 슬기로움이 숨어 있어요. 요즘엔 거리에 나가도 외래어와 외국어로 된 간판들을 많이 볼 수 있지요. 간혹 순우리말 상호를 사용한 간판을 보면 참 반가워요. '다솜(사랑의 우리말)채', '미리내(은하수의 우리말) 콩국수', '푸르미르(청룡의 우리말) 찻집' 이런 간판을 볼 때면 기분이 어떤가요?

 이러한 말들을 고유어라고 해요. 순우리말, 토박이말, 탯말 등의 이름으로 불리기도 하지요. 고유어는 대부분 자연스럽게 생겨 나 오랫동안 우리 조상들이 사용해 온 말이랍니다. 그래서 고유어 속에는 은가람(은은히 흐르는 강) 같은 멋이 깃들어 있어요. 바로 우리 겨레의 향기라고도 할 수 있지요. 글을 쓸 때 고유어를 적절하게 사용하면 훨씬 풍부한 표현을 할 수 있답니다.

다음 고유어를 소리 내어 읽어 보세요. 그 아름다움에 흠뻑 취하게 될 거예요.

갈무리	사물을 잘 정돈하여 간수함. 마무리.
고뿔	감기.
달포	한 달쯤 되는 동안.
마무새	일의 끝맺는 솜씨나 모양새.
시나브로	알지 못하는 사이에 조금씩 조금씩.
쳬금	풀잎으로 부는 피리.
품바	장터나 길거리로 돌아다니면서 동냥하는 사람
흰두루	'백두산'의 다른 이름. 항상 흰 구름을 이마에 두르고 있어서 붙여진 이름이다.
우수리	① 물건 값을 제하고 거슬러 받는 잔돈, ② 일정한 수효를 다 채우고 남은 수
고갱이	사물의 핵심
가시버시	부부
곰살궂다	성질이 부드럽고 다정하다.
눈썹씨름	'잠을 자려고 눈을 붙이는 일'을 비유하는 말
애오라지	좀 부족하나마 겨우. 오직
옹골지다	실속 있게 속이 꽉 차다.
종요롭다	없으면 안 될 만큼 요긴하다.
흐벅지다	탐스럽게 두툼하고 부드럽다.
몰강스럽다	보기에 억세고 모질며 악착스럽다.
함초롬하다	가지런하고 곱다.
닦아세우다	남을 꼼짝 못하게 호되게 야단치다.

토박이말을 넣어서 쓴 문장들

- 글은 다듬고 또 다듬어서 **갈무리**해야 한다.
- 봄이 돌아오니 **시나브로** 거리 곳곳에 푸른빛이 돌았다.
- 산신령이 불고 있는 **젓금** 소리가 **흰두루**에서 한라산까지 퍼졌습니다.
- 나는 **달포** 전만 해도 코흘리개 1학년이었지만 이제는 어엿한 2학년입니다.
- **고뿔**에 걸려서 한동안 누워 있어야만 했다.
- 내가 가족이랑 같이 지하철을 타고 가는데 어떤 **품바**가 하모니카를 불며 비틀거려 바구니에 돈을 조금 넣어 주었다.

우리말의 아름다움을 고유어에서 찾을 수 있다면, 우리말의 지혜는 바로 속담에서 찾을 수 있지요. 속담 역시 옛날부터 전해 내려온 언어 표현이에요. 가락이 좋고 한 문장이라 기억하기 쉬울 뿐 아니라 매우 정확한 메시지를 담고 있어요. 그래서 속담을 활용하면 우리의 의견을 재치 있게 잘 전달할 수 있어요. 또 어느 곳에 쓰여도 재미와 생기를 더해 준답니다.

일기에도 동시에도 독서 감상문에도 적절한 속담을 넣어 보세요. 더 즐거운 글쓰기를 할 수 있을 거예요.

봄

방학이 끝나 버렸다. 우리는 "방학이 **달포**밖에 안 되다니!" 하고 투덜거렸다. 날씨는 여전히 추웠다. 봄이 아직 머나먼 여행에서 돌아오지 않았나 보다.

며칠 후, 갑자기 비가 내렸다. 비를 맞고 집에 왔더니 결국 **고뿔**에 걸렸다. 빨리 나아서 2학년을 잘 **갈무리**하고 싶다.

거짓말처럼 날이 포근해졌다. 이렇게 기쁠 수 있을까? 봄이 그 머나먼 여행에서 돌아왔으니! 우리는 손뼉을 치며 좋아했다.

'이제 추위에서 벗어났으니 얼마나 좋아!'

시나브로 거리 곳곳에 푸른빛이 돌았다. **고뿔**도 어딘가로 달아났다. 봄을 반기는 푸른빛 축제가 한바탕 열렸다. 따스한 햇살을 보며 우리는 "봄이 왔어!" 하고 힘차게 외쳤다.

서울 갈현초 2 이진규

진규의 글에서 고유어를 한번 찾아보세요. 익숙하지 않은 말도 있을 거예요. 고뿔이 걸린 진규도 처음에는 고뿔이라는 단어보다 감기라는 단어가 더 편했을지 몰라요. 하지만 쓰면 쓸수록 정겨움이 느껴지는 게 고유어랍니다. 곧 달아난 버린 고뿔처럼 고유어에 대한 어색함도 달아날 거예요.

일찍 일어나는 새가 벌레를 잡는다

올해 초등학교 4학년이 되는 준호는 게으름을 피우기 일쑤였다. 그리고 어떤 일도 스스로 하는 일이 없었다.

그런 준호가 어느 날, 시험을 치르게 되었다. 하지만 게으른 준호가 혼자 공부할 리 없었다. 그래서 곰곰이 생각하시던 엄마께서는 준호를 닦아세우기는커녕 준호의 손을 잡고 들꽃이 함초롬히 피어 있는 가을 산에 오르셨다.

"준호야! 고갱이는 거저 얻어지는 것이 아니란다. 남이 보든 안 보든 그 시간에 최선을 다할 때 시나브로 완성되는 거란다." 하시며 많은 이야기를 해 주셨다. 다음 날부터 준호는 아침저녁 학교 길을 오가며, 엄마가 해 주신 이야기를 생각했다. "준호야, 일찍 일어나는 새가 벌레를 잡는단다. 너도 항상 일찍 일어나도록 해라. 그래서 매사에 열심히 노력하거라."

그 후 준호는 엄마의 뜻에 따라 일찍 일어나 모든 일을 스스로 하는 어린이가 되었다.

서울 숭인초 5 최웅수

속담에는 우리가 깊이 새겨 두어야 할 교훈이 담겨 있는 경우가 많아요. 웅수는 속담에서 얻은 교훈을 '준호'라는 아이가 등장하는 이야기를 통해 잘 설명했지요. 잔소리처럼 느껴질 수 있는 엄마의 이야기도 '일찍 일어나는 새가 벌레를 잡는다'라는 속담을 통해서 전달되니 훨씬 부드럽게 느껴져요.

반장 선거 소견문

안녕하세요? 2학년 1반의 반장이 되고 싶은 윤희상입니다. 여러분, '작은 고추가 맵다'고 하지요. 저는 몸은 작지만 우리 반 살림을 야무지게 할 각오가 되어 있습니다.

저는 여러분의 소리에 두 귀를 쫑긋 기울이고 우리 반 구석구석을 반짝이는 눈으로 바라보며 여러분을 위해 날쌘 돌이가 될 것입니다.

공부할 때나 청소할 때나 우리 반을 위해서 '동에 번쩍 서에 번쩍' 할 것입니다. 언제나 양팔 걷고 일해서 '백지장 하나라도 맞드는' 우리 반 반장이 되겠습니다.

이렇게 열심히 해서 우리 반 친구들이 모두 화목하고 친한 친구가 되었으면 좋겠습니다.

서울 갈현초 3 윤희상

속담을 넣은 연설을 통해 반장이 되고 싶은 각오를 단단히 밝혔어요. '작은 고추가 맵다'라는 속담을 활용하니깐 그 짧은 표현만으로도 작지만 확실한 포부를 담고 있는 희상이의 결의에 찬 모습이 떠오르지 않나요? 속담을 활용해서 자신의 반장에 대한 의지를 학생들에게 더 효과적으로 전달한 희상이는 분명 인기 있는 반장이 되었을 거예요!

하늘새미 따라 글쓰기 놀이

낱말의 집합 만들기

이번에는 낱말 덧붙이기 놀이를 해 보려고 해요. 먼저 낱말들의 집합이 될 만한 주제를 하나 정하고 그 집합에 들어갈 만한 단어들을 계속해서 덧붙여 나가는 거예요. 예를 들어 집합의 이름이 '강'이라면 섬진강, 영산강, 낙동강, 한강 등 이렇게 말이에요. 낱말을 계속해서 쓰다 보면 저절로 어휘력이 풍부해지고 주변의 사물이나 환경에 관심을 갖게 된답니다.

다음 빈칸을 채워 보세요. 여러 낱말들이 어떻게 하나의 집합으로 묶이는지 공통적인 특징을 찾아보세요. 다양한 낱말들을 보며 새삼 우리말의 아름다움에 빠져들 거예요.

낱말	집합의 이름
족두리풀, 벚꽃, 진달래, 목련, 라일락	꽃
	악기
	가축
	자동차
야구, 배구, 축구, 농구, 탁구	
	학용품
쌀, 보리, 조, 콩, 팥	
	과일

고유어를 넣어 문장 만들기

앞에서 배운 토박이말 가운데 세 개를 골라서 그걸 가지고 문장을 만들어 보세요. 곰살궂은 마음으로 토박이말을 사용한 글을 옹골지게 쓰는 거예요!

1

2

3

옆 친구에게 속담의 뜻 설명하기

다음 속담들이 무슨 뜻인지 옆의 친구한테 설명해 보세요. 그리고 속담을 외워서도 써 보세요.

낮말은 새가 듣고 밤말은 쥐가 듣는다

돌다리도 두드려 보고 건너라

동에 번쩍 서에 번쩍

바늘 가는 데 실 간다

웃는 얼굴에 침 뱉으랴

작은 고추가 맵다

콩 심은 데 콩 나고 팥 심은 데 팥 난다

하나를 보면 열을 안다

속담을 그림으로 그리기

속담을 그림으로 표현해도 재미있어요. 속담을 하나 뽑아서 그림으로 표현해 보세요.
4컷 만화로 그리고 말풍선 안에 속담을 넣어 대화를 이어가면 더 재미있답니다.

어떤 속담을 뽑았나요?

속담의 앞부분 보고 뒷부분 완성하기

우리 속담 가운데에는 원인과 그 결과로 짝을 이룬 문장이 많아요. 세상 이치를 돌아볼 때 원인 없는 결과는 없다는 뜻일 거예요.

다음 속담의 원인 부분을 보고 결과 부분을 찾아서 마저 채워 보세요. 그리고 어떤 뜻인지 설명해 보세요.

우리말 넣어 우리 집 자랑하는 글쓰기

마음에 드는 고유어나 속담을 이용해서 '우리 집 자랑'이란 주제로 글을 써 보세요. 가족 한 명 한 명을 짚어 가며 칭찬거리, 자랑거리를 쓰는 거예요. 가장 잘 어울리는 고유어나 속담을 하나씩 써 보세요.

설명하는 글쓰기
사실만을 이해하기 쉽게 쓰자

한 해를 마무리하는 12월엔 설명하는 글쓰기를 배울 거야! 설명하는 글이란, 뭔가를 다른 사람이 이해하기 쉽도록 자세히 풀어서 쓴 글이지.

"난 '사실(fact)!' 너만을 원해!"

이 말은 설명하는 글이 외치는 '사실'을 향한 깜찍한 사랑 고백이야. 설명하는 글에서는 항상 사실만을 쓰기 때문이지. 있는 그대로의 사실을 담기 때문에 누가 쓰더라도 같은 내용이어야 해. 누가 쓰느냐에 따라 달라지면 그 사람의 '생각'을 담은 글이지, '사실'을 담은 글은 아니란 뜻이야.

다음 글에서 사실을 담은 문장을 추려 볼까?

==오늘, 11월 7일은 전국의 수험생 언니 오빠들이 대학수학능력시험을 보는 날이야. 여고 졸업반 조효정 언니도 자신의 모교 동명여자고등학교에서 시험을 치르고 있어.== 평소 공부를 잘 하고 성실한 언니가 전 과목 만점을 받았으면 좋겠어.

위의 글에서 앞의 두 문장은 사실의 문장이고, 마지막 문장은 글 쓴 사람의 생각이 들어 간 문장이야.

만약 설명하는 글에서 '나는 ~했다'처럼 '나'라는 말이 들어가거나 내 생각이 들어가면 순식간에 설명하는 글이 아니라 주장하는 글이나 일기가 되어 버릴 거야. 설명하는 글에서는 처음부터 끝까지 '사실'만 담아야 한다는 사실을 다시 한 번 기억해 줘.

설명하는 글을 쓰려면 먼저 주제에 대해서 조사를 많이 해야 하지. 무엇인가를 설명해야 하는데, 설명하는 사람이 아는 게 없으면 곤란하지 않겠어? 만약 '김치'를 설명하는 글을 쓴다고 하면, 사전도 찾고 책도 읽고 인터넷 검색도 하면서 김치의 유래, 종류, 효능, 김치를 만드는 비법 등 많은 정보를 찾아 모으는 일이 필요해. 이것을 바탕으로 읽는 사람이 이해하기 아주 쉽게 표현하는 게 바로 설명하는 글이지.

있는 그대로의 사실을 읽는 사람이 오해하지 않도록 잘 전하려면 짧고 분명한 문장을 써야 해. 또 너무 어려운 말을 쓰거나 잘 모르는 사실을 아는 것처럼 꾸며서 쓰는 것은 좋지 않아.

친구들의 글을 읽으면 내 말을 더 확실하게 이해할 수 있을 거야.

알투비트 : 신 나는 음악과 함께 스케이트 타기

알투비트는 신 나는 리듬을 연주하면서 동시에 스케이트장에 존재하는 장애물들을 화려하게 피하는 진정한 리듬 레이싱 게임이지. ↑↓→←의 4가지 방향키만으로 신나게 플레이할 수 있는 게임이란다. 음악을 듣고 장애물을 보면서 단순히 방향키만 누르기만 해도 흥이 저절로 나! 리듬을 듣고 내가 조작을 하면 모니터 속의 캐릭터가 장애물을 이리저리 피하게 된단다. 게임이 너무 단순한 것 같지만 천만의 말씀. 알투비트에 존재하는 다양한 난이도의 스케이트장은 혼자 플레이해도 정말 재미있다고요! 하지만 진정한 묘미는 개인전 팀전 아이템전 등 다양한 모드를 지원하는 멀티플레이라는 사실이야.

알투비트의 캐릭터는 현실 세계의 사람들과 같단다. 세상에 완전히 똑같은 사람은 존재하지 않잖니? 마찬가지로 알투비트의 세계에 존재하는 캐릭터들도 플레이어의 취향에 따라 다양한 아이템을 사용하여 저마다의 개성을 뽐낸단다.

알투비트의 세계에 지금이라도 늦지 않았으니 모두 함께 해 볼까!

서울 숭인초 4 정희수

'알투비트'라는 게임에 대해 설명하는 글이야. 이 게임을 전혀 모르는 사람도 흥미를 느낄 수 있게끔 자세하게 써 주었어.

그런데 가장 마지막 문장을 한번 볼까? '모두 함께 해 볼까!'는 있는 그대로의 사실이 아니라 뭔가를 해 보자고 글을 쓴 사람의 의견을 제시하는 문장이지. 마지막에 이렇게 의견의 문장을 넣는 바람이 설명의 글이 아니라 설득하는 글이 되고 말았어.

종이의 모든 것

종이는 여러 가지 종류가 있습니다. 한지, 갱지, 모조지 등의 종이가 있습니다. 종이 중 색종이도 있는데 여러 가지 색깔이 있습니다.

종이는 여러 용도로 쓰입니다. 심심할 때 종이를 접어놓을 수도 있고 종이를 말아 심지로 대신할 수도 있습니다. 또 그림이나 글을 쓸 수도 있습니다.

종이는 나무를 베어서 껍질을 벗긴 후 일정 기간 동안 저장해 놓습니다. 그것을 쇄목기에 넣어 죽처럼 갈아 종이 원료를 만듭니다. 정선기에 거친 종이 원료들을 골라내고 좋은 펄프가 만들어집니다. 정선된 종이 원료는 적당한 농도로 농축시킨 후 표백하는 거라고 합니다. 또한 펄프와 물을 잘 섞어 작은 섬유 입자를 풀어 주어야 합니다. 물과 혼합·해리된 원료를 알맞게 절단하여 종이를 만드는 데 알맞은 원료를 만듭니다. 원료와 약품을 일정한 비율로 배합하면 종이 원료가 완성됩니다. 종이를 뜨는 초지 과정 및 탈수, 압착·건조시킨 후 광택 과정을 거쳐 비로소 종이가 만들어집니다.

서울 숭인초 4 김윤기

윤기는 '종이'의 제조 과정에 대해서는 조사를 많이 했는지 아주 자세히 잘 설명해 주었어. 이처럼 설명문을 잘 쓰기 위해서는 자료 수집을 철저히 해야 해.

그런데 조금 더 욕심을 부리자면 종이의 용도, 종이의 역사 등 다른 정보도 다양하게 조사하여 설명해 주었더라면 손으로도 쓰고

○○신문　　　　　　　　　　　　　　　　　　　　2005년 10월 14일

서울교육대학교에서 제14회 전국시조백일장 개최!
(표제: 기사의 내용이 한눈에 들어오는 제목)

인조잔디구장에 앉아 푸른 하늘 보며 생각과 꿈을 펼쳐 보자. (부제: 표제를 뒷받침하는 구체적인 문장)

2005년 10월 14일 토요일 (언제) 서울교육대학교 인조잔디구장에서 (어디서) 제17회 전국시조백일장이 (무엇을) 열렸다. 남녀노소 상관없이 모여든 참가자가 (누가) 긴 행렬을 이루었다.

참가자는 「일반부/고등학생부/중학생부/초등 고학년부/초등 중학년부/초등 저학년부」 이렇게 6개 부분으로 나누어졌다.

시제는 「일반부: 간이역·청계천, 고등학생부: 산울림·여행, 중학생부: 가을비·과수원, 초등 고학년부: 저녁밥상·약속, 초등 중학년부: 외갓집·동화책, 초등 저학년부: 우리 선생님·엄마의 선물」 이렇게 정해졌다. (어떻게)

이 시조 백일장은 시조의 생활화를 통해 민족정기 선양과 민족정서 순화에 이바지하기 위해 (왜) '전 민족 시조 생활화 운동본부'가 주최하고, '시조 생활사' 주관으로 개최되었다. 시제가 정해지자 함성 지르는 아이들, 미소 짓는 아이들, 한숨쉬는 아이들, 생각에 잠긴 아이 등 시조를 짓는 아이들의 얼굴이 상기되어 있었다.

서울 숭인초 6 노해인

마음으로도 쓴 성실한 설명문이 되었을 것 같아. 제조 과정에 대해서만 지나치게 자세히 쓰다 보니 어려운 용어가 나와서 자칫 지루하다는 느낌도 들어. 읽는 사람이 흥미를 느낄 만한 더 재미있는 글감도 있지 않을까?

 이번에는 설명하는 글의 대표인 기사문에 대해 이야기해 줄게. 요즘은 신문뿐 아니라 인터넷에서도 각종 기사를 많이 볼 수 있지. 독자에게 어떤 사건에 대해서 요모조모를 알리는 게 목적이므로 독자가 정확하고도 빠르게 이해할 수 있도록 써야 해. '누가, 언제, 어디서, 무엇을, 왜, 어떻게'를 꼭 써 주면 도움이 될 거야. 이것을 육하원칙이라고 하지.
 옆의 해인이의 글에서 육하원칙을 한번 찾아봐. 어때, 빼먹지 않고 잘 썼니? 우와! 기사문이 갖추어야 할 육하원칙이며 표제, 부제 등 구성 요소까지 잘 챙겨서 글을 쓴 해인이에게 박수 한번 쳐 줄까?

설명하는 글 따라 적고 문단 나누기

약품 설명서, 핸드폰 사용 설명서 등 우리 주변에서 설명하는 글을 찾아 똑같이 한번 따라 적어 보세요. 설명하는 글이 무엇인지 잘 알 수 있을 거예요.

이때 문단의 구분이 잘 되었나 살피는 것도 잊지 마세요. 각 문단의 중심 내용을 찾아 적어 보세요.

> 한 문단은 하나의 생각으로 묶일 수 있는 문장들의 집합이야. 하나의 문단은 한 개의 중심 문장과 이를 뒷받침하는 문장으로 이루어져.
>
> 그러니까 문단이 바뀐다는 것은 글의 내용이나 생각이 바뀌었다는 뜻이지.
>
> 한 문단이 시작될 땐 보통 맨 앞 칸을 비우게 마련이야.
>
> 글을 읽다가 맨 앞 칸이 비워진 것을 보면 다음과 같은 경우라고 생각하면 돼.
>
> ① 앞에서와는 다른 이야기를 할 때
> ② 이야기의 배경이 되는 시간이나 장소가 변했을 때

핸드폰 사용 설명서

전화받기가 곤란할때는
1. 진동모드로 전환합니다.
아이폰 좌측면의 볼륨버튼 위의
벨소리 진동전환 스위치를
아래로!

읽는 사람이
이해하기 쉽게.

바로 이 스위치

올바른 문장으로 고치기

설명하는 글을 쓸 때는 읽는 사람이 잘못 이해하지 않도록 올바르고 정확한 문장을 써야 해요. 다음 두 글을 서로 비교하고 어떤 점이 달라졌는지 살펴보세요.

글을 쓸 때 올바른 문장을 쓰는 것은 일상생활에서 기본예절을 지키는 것과 같아.

재림이가 독서는 스스로 하는 것이라고 말하며 얼른 책상 앞에 앉은 것은 동생 철이가 컴퓨터게임을 그만 하고 같이 공부하도록 돕기 위해서였다.

고친 문장 재림이가 얼른 책상 앞에 앉았다. 그것은 동생 철이가 공부에 집중할 수 있도록 돕기 위해서였다. 왜냐하면 철이는 계속 컴퓨터게임을 하고 있었기 때문이다.

문장이 너무 길어지거나 꾸미는 말이 많으면 자연스럽지 않아. 문장이 복잡해져서 뜻이 모호해지거든.

어머니의 노랫소리가 내게는 자장가처럼 들려오기도 하고, 그 노랫소리는 피아노 선율처럼 감미롭기도 하고, 그 소리는 나의 슬픈 마음을 달래 주는 청량제 같기도 하였다.

고친 문장 어머니의 노랫소리가 내게는 자장가처럼 들려오기도 하고, 피아노 선율처럼 감미롭기도 하고, 나의 슬픈 마음을 달래 주는 청량제 같기도 하였다.

한 문장에서 여러 번 반복되는 말이 없어야 이해하기가 쉬워.

연결하는 말(접속어)에 유의하며 장소 설명하기

논리적인 글쓰기에서는 문장과 문장, 문단과 문단을 연결하는 접속어를 잘 활용하는 일이 중요해요. 여러 접속어의 의미와 기능을 알고 있으면 글쓰기에 도움이 될 거예요.

접속어에 대해 알려 줄게.

쓰임새	종류
앞부분에 이어지는 문장을 쓸 때	그래서, 그러니, 그러므로
앞부분과 반대되는 내용을 쓸 때	그러나, 그렇지만
비슷한 내용을 연결할 때	또, 또한, 그리고
화제를 바꿀 때	그런데
앞의 내용을 보충할 때	더욱이, 게다가

공원이나 놀이터, 도서관, 고궁 등 특정 장소에 대한 안내의 글을 써 보세요. 특히 접속어를 알맞게 활용해서 써 보세요.

우리 동네의 명소

설명하는 글을 쓰기 위한 글감 찾기

좋아하는 음식에 대해서 설명하는 글을 쓴다고 생각하고 그 음식에 대해서 자세히 조사해 보세요. 설명문을 쓰기 위해서는 먼저 글감을 찾기 위한 자료 수집이 필요하답니다. 내 생각이 아니라 명백한 '사실'을 써야 한다는 사실 잊지 않았죠? 맛있는 음식 속에 감추어진 사실을 찾아 출발!

내가 좋아하는 음식

유래

재료

종류

맛

모양과 색깔

기타

우리 집 뉴스, 기사문으로 쓰기

한 해를 돌이켜보면서 어떤 일들이 있었는지 생각해 보세요! 현수는 삼촌이 대학교를 졸업하고 원하는 직장에 취업해서 자랑스럽다고 해요. 수빈이는 새집으로 이사하여 할아버지께서 새 책상을 선물로 사 주신 것이 가장 기쁘대요. 또 윤주는 텔레비전을 멀리하시던 어머니께서 월화드라마를 한 번도 거르지 않고 보신 것이 신기했다고 해요. 이런 이야기들을 육하원칙을 떠올리면서 차근차근 써 보도록 하세요.

육하원칙!
언제, 어디서, 누가, 왜, 무엇을, 어떻게!

1월

주장하는 글쓰기

타당한 이유를 대며 설득력 있게 쓰자

　1월에는 한 해를 시작하는 상쾌한 기분으로, 나의 생각을 담아내는 주장하는 글에 대해 알려 줄게. 주장하는 글은 어떤 주제에 대해서 내 생각과 의견을 뚜렷하게 표현하고, 다른 사람도 나와 같은 생각을 갖도록 설득하는 글이야. 뭔가 떠오르지 않아? 그래 맞아. 설명하는 글하고는 다르지! 설명글에서는 '사실'이 중요했듯이, 주장하는 글에서는 '나의 생각'이 중요하다는 사실을 꼭 기억해.

　그렇다고 해서 주장하는 글에서 사실의 문장이 나오지 않는다고 생각하진 말아 줘. 옆에 있는 짝꿍을 설득한다고 생각해 봐. 어떻게 해야 할까? 먼저 내 생각이 분명해야 할 거야. 그리고 타당한 이유를 대야 하는데, 그러려면 배경 지식도 필요하겠지? 아는 게 없는데 어떻게 이유를 댈 수 있겠어? 객관적인 사실을 담은 문장이 있어야 내 생각도 뒷받침할 수 있어.

그래서 주장하는 글에서 사실의 문장과 생각의 문장이 모두 나와. 나의 주장을 담아낼 때에는 '생각의 문장', 그 이유를 타당하게 들 적에는 있는 그대로의 명확한 '사실의 문장'을 써야 해.

> **주장하는 글과 설명하는 글 비교하기**
>
> 주장하는 글 : 생각의 문장 + 사실의 문장 + 생각의 문장 + 사실의 문장 ……
> 설명하는 글 : 사실의 문장 + 사실의 문장 + 사실의 문장 + 사실의 문장 ……

주장하는 글의 첫머리인 서론에서는 먼저 문제를 제기해야 해. 설득은 다른 사람의 변화나 행동을 이끌어 내는 건데, 뭔가 해결해야 할 문제가 있어야 설득도 필요하겠지? 바로 그 문제가 무엇인지를 밝히는 거야. 첫인상이 중요하듯 서론은 읽는 사람의 호기심을 불러일으키도록 써야 해. 제목과 관련된 사건이나 뉴스로부터 시작할 수도 있고, 격언이나 명언을 이용해 시선을 끄는 방법도 좋아.

이렇게 읽는 사람이 문제에 대해 흥미를 갖기 시작하면 이제 본격적으로 내 주장을 펼쳐 나가는 거지. 이것을 본론이라고 해. 나의 주장을 뒷받침하기 위해 다양한 근거 자료를 활용하여 논리 정연하게 구체적으로 적어야 한다는 것, 다시 한 번 강조할게. 그래야 주장에 힘이 실릴 거야.

마지막 결론에서는 앞에서 나온 내용을 요약·정리하여 주장을 다시 한 번 강조하면서 마무리하면 돼.

주장하는 글을 쓰기 위한 개요

서론   일기 쓰는 어린이가 줄어들고 있다.

본론 1   일기를 쓰면 이런 점이 좋다.
① 하루를 반성한다.
② 문장력이 길러진다.
③ 조리 있게 정리한다
④ 학습에 도움이 된다.

본론 2   일기는 이렇게 쓰자.
① 날짜와 날씨를 적는다
② 한 가지 일을 쓴다.
③ 솔직하게 쓴다.
④ 불필요한 용어는 쓰지 않는다.

본론 3   일기의 종류
① 뉴스 일기
② 영어 일기
③ 선행 일기
④ 마인드맵 일기

결론   일기를 쓰자. 일기를 쓸 때 주의할 점도 많다.

서울 갈현초 6 최현준

현준이는 '일기 쓰기'에 대한 자신의 의견을 주장하는 글을 쓰기 위한 개요 짜기를 했어. 이처럼 주장하는 글을 잘 쓰려면 그 뼈대가 되는 개요부터 탄탄히 쓰는 습관을 길러야 해. 그래야 논리적이고 통일성 있게 글을 써 나갈 수 있지.

흔히 주장하는 글을 잘 쓰는 것은 글짓기를 잘하는 것과 같다고 생각하기 쉬워. 그러나 주장하는 글은 아름답고 풍부한 표현을 중요하게 여기는 보통 글짓기와는 성격이 달라. 논제를 정확하게 파악한 뒤에 자신의 입장을 정하고, 적절한 근거를 잘 찾아서 논리적으로 연결해야 '좋은' 주장하는 글이거든.

개요 짜기를 마친 다음에 글을 쓰게 되면 꼭 개요에 맞춰서 쓰도록 해. '한 번 약속한 일은 상대방이 감탄할 정도로 정확히 지키자'라는 카네기의 말을 우리들의 예쁜 수첩 속에 적어 넣을까?

그런데 현준이의 결론을 보면 '일기를 쓸 때 주의할 점도 많다'는 의견이 새롭게 나오는데 이는 본론에서 없었던 것이기 때문에 빼는 게 좋아. 안 그러면 내가 전하려는 바가 뚜렷하게 드러나지 않아서 읽는 사람에게 혼란을 줄 수 있어. 결론에서는 본론에서 주장했던 것만 가지고 요약·정리하도록 하자.

약속을 잘 지키자

　우리 생활에는 약속이라는 것이 있다. 우리는 하루라도 약속 없이는 살 수 없다. 약속은 누군가와 무엇인가를 하기 위해서 미리 정해 놓고 서로 어기지 않을 것을 다짐한다는 뜻이다. 따라서 약속이라는 것은 우리가 살아가는 세상을 든든하게 만들어 준다. 약속의 종류는 많지만 그 중에서도 시간 약속이 가장 큰 비중을 차지하고 있다. 우리는 시간을 헛되이 보내지 않으며, 시간 약속을 비롯한 모든 약속을 잘 지켜야 하는데, 그러기 위해서는 어떻게 해야 할까? -서론

　첫째, 약속 시간을 무엇보다 잘 지켜야 한다. 약속을 잘 지키는 사람이면 부지런한 사람이라고 인식하게 되며, 많은 사람들에게서 신용을 얻을 수 있다. 약속을 한 사람이 싫어하는 사람이든, 좋아하는 사람이든 잘 지켜야 한다. 또한 약속한 시간보다 늦어졌다고 해서 천천히 가거나 가지 않는 것보다는 빨리 가서 늦은 이유를 설명하고, 용서를 빌어야 하며, 앞으로는 약속 시간을 제때에 잘 맞추어서 나오도록 노력해야 할 것이다.

　둘째, 작은 약속이라도 메모지에 적어 두어야 한다. 별로 중요하지 않은 약속이라고, 작은 약속이라고 신경을 쓰지 않다 보면 결국에는 잊어버리게 된다. 약속을 잊어버리게 되어서 지키지 못한다면, 신용을 잃게 될 것이며, 내 시간을 낭비하고 헛되이 보내는 것만 아니라 상대방의 아까운 시간까지 낭비하는 꼴이 된다.

　셋째, 지킬 수 있는 약속을 한다. 간디는 영국으로 유학을 가기 전에 어머니와 약속을 한 것이 있다. '첫째, 고기를 먹지 않는다. 둘째, 술을 마시지 않는다. 셋째, 아내와의 결혼 서약을 잊지 않는다.'이다. 역시 간디는 이 약속을 간디답게 잘 지켜냈다. 우리도 간디처럼 약속을 하면 잘 지킬 수 있도록 노력을 해야 한다. 처음 약속을 할 때, 이 약속을 지킬 수 있는지 혹은 다른 약속이 있지는 않은지 생각해 보고 약속을 정하도록 한다. 지키지 못할 약속은 처음부터 하지 말아야 한다. -본론

약속이라는 것을 정할 때에는 쉽지만, 지키는 것은 매우 힘든 일이다. 우리는 작은 약속도 반드시 지켜야 할 것이며, 지킬 수 있는 약속만 해야 한다. 약속을 지킬 때 힘들고 귀찮을 때도 있지만, 서로 서로가 '내가 먼저 지켜야지.' 하는 마음으로 조금씩 지키다 보면 분명 정직하고 밝은 사회가 될 것이다. _결론

서울 숭인초 6 이지훈

　지훈이의 글에서는 '약속을 잘 지키자'라는 글의 주제가 제목으로 나타나 있어. 이렇게 제목에 글쓴이의 주장이 담겨 있는 것도 주장하는 글의 특징이야. 읽는 사람들에게 글쓴이의 주장을 더 확실하게 새겨 줄 수 있거든.
　서론에서는 약속이 얼마나 중요한지를 언급하면서 우리의 관심을 유도했어. 본론에서는 약속을 잘 지키기 위한 세 가지 방법을 구체적인 예시와 예화를 통해 정리해 놓았지. 결론에서는 본론에서 언급된 이야기를 정리하면서, '약속을 잘 지키면 보다 밝은 사회가 될 것이다.'라는 미래의 전망으로 마무리하여 정말 깔끔한 주장하는 글이 되었어!

바람송이 따라 글쓰기 놀이

주장하는 글을 쓰기 위한 개요 짜기

개요는 글의 설계도라고 할 수 있어요. 집을 짓기 전에 설계도를 잘 짜야 하듯 글을 쓰기 전에 미리 개요를 잘 짜 두어야 좋은 글을 쓸 수 있답니다. 설계도를 보면서 잘못된 부분은 없는지, 글의 방향이 흐트러지지는 않았는지 살피면서 집을 짓듯 글을 쓰는 거예요. 지금부터 청소년의 연예인 데뷔에 대해서 어떻게 생각하는지 자신의 입장을 정한 뒤에 개요 짜기를 해 보세요.

제목 :

서론 :

본론 :

    근거1 :

    근거2 :

    근거3 :

결론 :

주장하는 글 쓰기 전에 생각 가다듬기

지금 친구들이 신고 있는 운동화, 입고 있는 옷, 들고 다니는 책가방 등의 상표를 한번 보세요. 여러분은 사람들이 흔히 말하는 명품 브랜드에 대해서 어떻게 생각하나요? 명품이라 불리는 물건을 사는 일에 대해서 어떻게 생각하는지 곰곰이 생각해 보세요.

나의 생각

1. 내가 다른 사람이라면 이 생각에 공감을 할까?

2. 또 다른 의견은 없을까? 더 참신한 생각은 없을까?

3. 내가 모른다고 해서 그냥 지나쳐 버린 부분은 없을까?

주장하는 글에서는 내가 주장하는 바가 참신하고 논리적이어야 해!

고쳐쓰기(퇴고)

한번에 원하는 대로 글을 잘 쓰는 사람은 없을 거예요. 글을 쓰고 나서 고쳐쓰기를 할수록 더 좋은 글이 되지요 처음 쓴 글과 고쳐 쓴 뒤의 글을 비교해 보면 문장이 간결해지고 내용이 또렷해진다는 것을 깨닫게 될 거예요. 명작이라 일컫는 유명한 작가의 작품도 모두 고쳐쓰기의 과정을 거친 글이랍니다.

다음은 희경이가 쓴 글이에요. 읽고 고쳐 쓰기를 해 보세요. 그리고 희경이가 고쳐 쓴 것과 비교해 보아요.

고쳐쓰기는 이렇게 해.

첫째, 모자라거나 빠뜨린 것을 찾아서 보충해 넣어야 해.
둘째, 불필요하거나 복잡한 말은 없애야 간결한 문장이 되지.
셋째, 맞춤법과 띄어쓰기는 잘 했는지, 문장 부호는 바르게 쓰였는지 살펴 봐.
넷째, 중심 생각이 잘 드러났는지 확인해 봐.
다섯째, 갑자기 딴 얘기를 하고 있지는 않은지 꼼꼼히 살펴봐.

처음 쓴 글

오늘은 처음으로 논술을 배우러 글짓기 교실에 왔다. 자기소개를 했는데 조금 부끄러웠다. 그 다음 우리는 계획을 만들었다. 나는 독서 계획을 만들었는데 무려 11가지나 되었다. 발표를 했는데 자기소개를 했을 때보다 자신감이 생겼다. 선생님 덕분이라는 생각이 들었다. 왜냐하면 선생님이 좋은 이야기를 많이 해 주셨기 때문이다. 앞으로도 선생님이 좋은 얘기를 하실 때 새겨들어야 되겠다.

고쳐쓰기

희경이가 고쳐 쓴 글

　논술을 배우기 위해 처음으로 글짓기 교실에 왔다. 이어 자기소개를 했는데 조금 부끄러웠다. 그 다음 선생님께서는 새 학년이 되어 자신의 계획을 표로 만들거나 글로 써 보라고 하셨다.
　나는 독서 계획에 대해 생각해 보았는데 무려 열한 가지나 되었다. 세 번째가 내 차례였는데 처음 자기소개를 할 때보다 자신감이 생겼다.
　"생각에는 정답이 없어요. 여러분의 생각을 자신 있게 발표하세요!"
　이런 좋은 말씀을 해 주신 선생님 덕분이다. 앞으로도 선생님 말씀을 새겨들어야 되겠다.

　　　　　　　　　　　　　　　　　서울 장월초 4 진희경

왜 도덕을 지켜야 하는지 주장하는 글쓰기

> 리디아라는 왕국에 성실하고 건강한 기게스라는 목동이 살고 있었어요. 그런데 어느 날, 양을 치다가 반지를 하나 발견했어요. 그리고 반지의 놀라운 힘을 알게 되었지요. 바로 반지를 낀 채로 반지의 장식을 누르면 목동은 투명인간이 될 수 있다는 거예요. 그리하여 기게스는 상대방의 모습을 볼 수 있었지만 상대방은 목동의 모습이 전혀 보이지가 않게 되었어요. 기게스는 몰래 왕궁으로 들어가 왕을 죽이고 다음 왕이 되었다고 해요.

플라톤의 《국가》라는 책에 나오는 이야기예요. 우리는 평소에 거짓말이나 도둑질 등을 하지 않아요. 벌을 받게 되니까요. 하지만 기게스처럼 놀라운 반지를 갖게 된다면 거짓말이나 도둑질을 해도 아무에게도 걸리지 않고 처벌받지 않을 거예요. 그렇다면 우리는 도덕을 지키지 않아도 될까요? 그래도 도덕을 지켜야 한다면 그 이유는 무엇일까요? 자신의 생각을 근거를 들어 나타내 보세요.

계획하는 글쓰기
지킬 수 있을 만큼만 구체적으로 쓰자

이제 글쓰기 대장이 되기 위한 마지막 관문을 밟을 차례야. 좋은 글을 쓰기 위한 좋은 습관을 가지는 것! 그리고 앞으로 일 년을 어떻게 보낼지 새해의 계획을 짜는 일이지. 계획을 세워 놓고 실천하려고 노력한 친구와, 아무 계획도 없이 되는대로 생활한 친구는 어른이 되었을 때 차이가 매우 클 거야. 마치 개요를 써 놓고 글을 쓰는 것과 생각 없이 그냥 쓰는 것과 같아. 개요를 짜고 쓴 글이 훨씬 더 좋은 글이 되겠지?

그래서 2월에는 생활 계획, 공부 계획, 독서 계획 등을 세워 보려고 해. '공부왕', '독서왕'이 되고 싶다든지 하는 목표가 들어가 있는 계획이라면 더 좋겠어. 중요한 것은 나의 소중한 꿈을 향한 노력들을 담고 있어야 한다는 거야. 이루고 싶은 일, 하고 싶은 일 등 꿈을 향한 계획을 글로 표현해 봐.

계획하는 글을 쓸 때에는 아주 구체적으로 표현해야 해. 예를 들어 '매일 매일 공부를 열심히 할 것이다.'라고 막연하게 쓰는 것보다는 '2월 한 달 동안 하루에 수학 문제집을 4페이지씩 풀 것이다.'라고 자세히 써 봐. 계획이란 것은 실행에 옮기기 위한 것이니까 이렇게 자세히 써 놓아야 실제로 도움이 될 거야. 이렇게 세운 계획을 하나하나 실천으로 옮길 때 꿈을 향해 한 발씩 더 다가설 수 있어.

계획하는 글을 쓸 때 꼭 주의해야 할 점이 있어. 욕심만 앞서서 무리한 계획을 세우지 말기! 계획만 열심히 짜느라 너무 힘을 써 버리면 안 되잖아. 계획은 어디까지나 실천하기 위해서 세우는 거라고. 꼭 내가 지킬 수 있을 만큼만 계획표에 쓰도록 하자.

공부 계획

1. 하루에 한 번씩 수학 문제집의 유형을 외우고 한 시간 동안 문제 풀기.
2. 외우기 힘든 사회, 과학, 도덕 등은 교과서로 과목별 30분 이상 투자하여 공부하기.
3. 학교, 학원을 제외한 모든 시간은 공부에 투자하기
   (TV 시청, 컴퓨터, 친구들과 놀기, 자는 시간, 먹는 시간은 정해서 하기).
4. 예습과 복습은 날마다 할 것.
5. 필요하다고 판단될 때(쓸 데 없다고 생각하지 않을 때)는 자유 시간 갖기.
6. 학원 숙제나 학교 숙제, 학습지는 먼저 끝내기.
7. 월·수·토요일은 국어 문제집 2시간씩 풀 것.

서울 숭인초 4 강승우

독서 계획

1. 하루에 한 번 도서관에 간다.
2. 매일매일 책 한 권씩 읽는다(창작 동화, 동시집, 위인전, 과학, 환경, 역사 등의 책을 골고루 읽을 것이다.).
3. 그날그날 읽은 책은 먼저 독서노트에 정리하고, 일주일에 한 번 독후감을 쓴다.
4. 학교에 갈 때 책 한 권씩 갖고 다니며 시간이 날 때마다 읽는다.
5. 좋은 문장은 밑줄을 긋고, 꿈 노트에 따라서 적는다.
6. 인상 깊은 장면은 그림으로 그려 보고, 그 내용은 글로 쓴다.
7. 일주일에 동시 한 편씩 외운다.

서울 장월초 4 현예은

생활 계획

1. 하루에 줄넘기 백 번씩 할 것이다.
2. 일주일에 두 번은 엄마 안마를 해 드릴 것이다.
3. 언니랑 싸우지 않을 것이다.
4. 하루 한 번씩 신발 정리를 할 것이다.
5. 항상 나의 방을 깨끗이 정리할 것이다.
6. 일기를 꼬박꼬박 쓸 것이다.
7. 거짓말은 절대로 하지 않을 것이다.

서울 진관초 4 장혜정

계획을 세우는 일은 언제나 우리를 설레게 해. 친구들의 계획표를 보면서 좋은 계획은 따라서 해 보는 것 어때? 좋은 생각이지? 사람은 누구에게나 배울 점이 있다고 하잖아. 치밀한 계획과 멋진 실천! 와, 꿈이 한 발짝씩 다가오고 있어!

6학년이 되면

　나는 이번 3월에 6학년이 된다. 지난 5학년 생활을 되돌아보면 후회스럽다. 공부도 그다지 열심히 하지 않았고 핸드폰을 처음 산 어린 마음에 문자를 너무 많이 보낸 듯하다. 그리고 우리 반의 담임선생님이 마음에 들지 않아 원망도 많이 하고 친구들과 선생님을 좋지 않게 말하기도 하였다. 5학년 때는 정말 철이 덜 들었다는 생각이 든다.

　그러나 철없던 5학년 시절에서 잘한 것이 있다면 미술의 포스터에서 최우수상을 탄 것이다. 우수상은 여러 번 받아 보았지만 5학년 전체에서 딱 한 명만 주는 최우수상을 받으니 매우 기분이 좋았다. 교장선생님께서 상을 주셨고 할아버지께서는 기뻐하시면서 그 상장을 액자에 넣어 걸어 주셨다. 이제 6학년 되었으니 미술뿐 아니라 공부도 최우수상을 받을 수 있도록 노력할 것이다.

　첫째, 6학년이 되면 친구들과 더욱 친하게 지낼 것이다. 5학년 때 어떤 친구가 나랑 친하던 친구들 욕을 했기 때문에 그 친구와 절교를 한 일이 있어서 친구 한 명과 싸운 적이 있다. 6학년이 되면 나는 진짜 친구들과 사이좋게 지낼 것이다. 그리고 공부도 잘하면서 마음씨도 착한 친구들과 다정하게 지낼 것이다.

두 번째는 나는 공부를 열심히 할 것이다. 4학년 때는 반에서 4등 정도 했었는데 5학년 때는 겨우 10등 안에만 들어 갈 수 있었다. 그래서 6학년 때는 1등이 되도록 노력할 것이다. 6학년은 초등학교 마지막 학년이다. 내년이면 중학생이 되는데 6학년 때 열심히 하지 않으면 중학교에 가서 뒤떨어진다고 엄마 아빠는 말씀하신다.

세 번째는 후배들을 잘 이끌어 줄 것이다. 초등학교 최고 학년인 6학년이 되었으니까 후배들을 친절하게 잘 이끌어 주어야 한다. 내가 5학년 때 6학년 언니들이 존댓말을 쓰고 허리를 90도 각도로 굽혀서 인사하라고 내 친구들을 협박하기도 하였다. 내 친구가 그냥 언니 쪽을 보고 있었는데 째려 보았다고 뭐라고 한 적이 있었다. 나는 절대로 그러지 않을 것이다. 학교에서 최고 학년이면 모든 것에서 모범을 보여야 하는 것이 당연한 일인데 후배들을 협박하고 욕하고 하는 것은 잘못된 일이다.

나는 6학년이 되어서 이상 세 가지 약속은 꼭 지킬 것이다. 5학년 때 이런 글을 안 썼기 때문에 5학년 생활이 안 좋았던 것 같다. 계획을 막상 써 보니 안 지키면 내 마음이 혼낼 같아서 꼭 지킬 것이다.

서울 연촌초 5 한채윤

채윤이는 아주 솔직한 계획표를 썼어. 차분하게 지난 5학년 때의 일을 되돌아보면서 부족했던 점을 반성하고 뉘우치며 다가올 6학년의 생각과 각오를 한 점이 아주 훌륭한걸? 이런 마음으로 출발하는 채윤이의 6학년 생활을 바람송이도 기쁜 마음으로 지켜볼게.

겨울 방학에 꼭 하고 싶은 7가지

① 겨울 바다에 가서 바닷바람을 맞으며 코코아를 마시고 싶어.
② 눈 덮인 학교 운동장에 발자국을 남기고 싶어.
③ 안면도 바다 쪽에 가서 밤에 모닥불을 피워 손을 녹여 보고 싶어.
④ 좋아하는 오빠와 같이 고구마를 직접 드럼통에 넣어 구워 보고 싶어.
⑤ 새해 첫날, 새벽 산에 올라 해 뜨는 것을 보고 싶어.
⑥ 불빛이 나는 유람선을 타 보고 싶어.
⑦ 이 추운 겨울에 두꺼운 옷을 못 입는 추위에 떠는 사람들의 입장을 생각하며, 직접 체험해 보고 싶어.

서울 수색초 5 서승연

승연이는 방학에 하고 싶은 일을 정리해 보았어. 그 계절에만 누릴 수 있는 특권이 있지 않을까? 이렇게 정리해 보았으니 더욱 알차고 즐거운 방학을 보낼 수 있을 거야. 방학을 내가 계획하여 내가 주인공이 되어 내가 공연하는 나만의 시간이라고 생각해 봐. 나 자신이 가장 행복한 주인공이 되어 무대에 올라가는 기분이 어때?

이번에는 중학생 새미 언니가 고등학교에 들어가서 어떻게 공부할지를 쓴 학습 계획서야.

우와, 새미의 포부가 대단한걸? 어떤 공부를, 얼마 동안, 어떻게 할 것인지가 아주 구체적으로 잘

"교과서를 스무 번만 읽어 봐. 머릿속에 사진이 찍힐 거야.", "수업시간에 집중하는 게 최고야! 선생님의 농담과 친구들의 질문까지도 메모하렴." 엄마가 제게 강조하셨던 공부법입니다. 계획표를 세워 실천하는 것도 중요하지만 제가 다양한 과목을 골고루 잘할 수 있었던 것은 위 방법대로 꾸준히 실천한 덕분입니다. 또 수학 서술형 시험에서 감점이 많아 고민이었던 제게 수학 선생님께서 "간단한 식으로 빠르고 정확하게 푸는 것이 중요해."라고 충고하셨습니다. 그 충고로 핵심을 파악하여 시간을 재며 서술하는 연습을 했습니다. 이렇게 실제 시험처럼 연습한 결과 긴장을 덜고 자신감이 생겼습니다.

다음 학년에도 우선 수업 시간에 집중하겠습니다. 2학년 때는 친구들과의 스터디 그룹을 통해 《해리포터》 원서를 전권 완독할 것입니다. 동아리 활동으로는 영어 연극반에 들어가 영어 사용 시간을 늘릴 것입니다. 3학년이 되면 영어로 된 동화를 읽고 독서일기를 매주 반드시 쓰겠습니다.

나중에 대학교에 입학하면 심리학과에 들어가서 체계적이고 심도 있게 공부하겠습니다. 심리사 자격증 준비와 수련을 통해 실력과 자질을 키울 것입니다. 그 후 각기 다른 유형의 심리상태를 알아보고 그에 대한 대처 방안을 연구하겠습니다.

서울 창문여중 3 박새미

표현되어 있어. 이루고 싶은 꿈을 위해 어떤 노력들을 기울일지가 잘 나타나 있어서 누가 봐도 새미가 성실한 학생이라는 것을 알 수 있을 거야.

학습 계획서를 쓸 때는 자신의 꿈이 무엇인지 왜 이 공부를 할 것인지 먼저 생각해 보고 차분하게 계획을 짠 뒤에 꼼꼼히 쓰도록 해.

바람송이 따라 글쓰기 놀이

새해 이루고 싶은 소원 3가지

새해가 되어 계획을 짜기 전에 지난해를 돌이켜 보는 반성의 시간도 필요하지요. 지난해에 잘못했던 일들, 이루지 못했던 일들을 먼저 떠올려 보세요. 그런 다음 새해에 이루고 싶은 일들은 무엇인지 생각해 보세요. 그 가운데 꼭 이루고 싶은 세 가지를 정해서 따로 써 보세요. 새해에는 이 세 가지 소원이 이루어질 수 있도록 노력하기로 해요.

지난해에 이루지 못한 것들

새해에 이루고 싶은 것들

새해에 꼭 이루고 싶은 세 가지 소망

새 학기의 계획 쓰기

지난 일 년을 돌아보니 어떤가요? 자신이 세운 계획표대로 열심히 생활한 친구들은 뿌듯함이 넘치고, 게으름을 부린 친구들은 떳떳하지 못할 거예요.

2월에 맞이하는 봄 방학은 새 학년을 맞이하기 위한 준비 기간이라고 할 수 있어요. 새 학기의 큰 목표를 정하고 그 목표를 이루기 위해 어떤 노력들을 할 것인지 계획을 세워 보세요.

목표 1

목표 2

목표 3

학습 계획서 쓰기

앞에서 본 새미의 학습 계획서를 참고로 해서 친구들도 학습 계획서를 한번 써 보세요. 이전에 계획을 세워 봤던 경험이 있다면 돌이켜 보세요. '이렇게 계획을 세워서 이렇게 학습했더니 이런 결과가 나왔었다'는 것을 먼저 쓰고 나서, '앞으로는 이런 점에 초점을 맞추어서 이렇게 노력하겠다'는 구체적인 방법을 적어 주세요.
어렵게 생각할 필요 없어요. 꿈을 이루기 위해 무엇을 해야 하는지를 좀 더 자세히 쓴다고 생각하면 돼요!

학습 계획서

나의 꿈
....

꿈을 이루기 위해 꼭 해야 할 일들
....
....
....

이전에 계획을 세웠던 경험
....
....
....

어떻게 노력해서 그 일을 해 낼 것인지
....
....
....

이루었을 때 어떤 기분일지
....
....

20년 뒤의 내 모습 그려 보기

꿈과 비전은 달라요. 꿈은 단순히 '무엇이 되고 싶다'고 하는 막연한 소망에 그치지만, 비전은 꿈을 향한 구체적인 계획이 있어 차근차근 실천해 나아가는 거랍니다.

'20년 뒤의 내 모습'을 제목으로 하여 글을 써 보도록 하세요. 앞에서 학습 계획서를 성실히 써 보았던 친구라면 어렵지 않을 거예요. 어떤 노력을 해서 어떤 사람이 되어 무슨 일을 하고 있을지를 떠올려 보세요.

잎새보미, 바다누리, 하늘새미, 바람송이가 공개하는
글 잘 쓰는 비법

비법 1 글 솜씨가 없다는 생각부터 버리기

비법 2 일기 쓰는 시간을 기대하기

비법 3 연필과 공책을 사랑하기

비법 4 친구와 같이 글 쓰는 시간을 마련하기

비법 5 '왜? 어떻게?' 하고 스스로 질문하기

비법 6 주변을 꼼꼼히 관찰하기

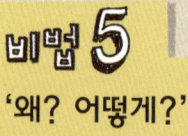
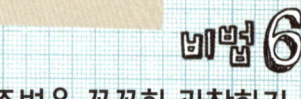

신 나는 열두 달 글쓰기 놀이

1판 1쇄 2011년 09월 14일
1판 6쇄 2021년 08월 10일

글 유지화 | 그림 김진희 | 추천 강경호
편집 조연진 | 마케팅 강백산, 강지연 | 디자인 권석연
펴낸이 이재일 | 펴낸곳 토토북 04034 서울시 마포구 양화로11길 18, 3층(서교동, 원오빌딩)
전화 02-332-6255 | 팩스 02-332-6286 | 홈페이지 www.totobook.com | 전자우편 totobooks@hanmail.net
출판등록 2002년 5월 30일 제10-2394호
ISBN 978-89-6496-043-1 63710

ⓒ유지화, 김진희 2011
· 이 책은 저작권법에 의해 보호를 받는 저작물이므로 무단 전재 및 무단 복제를 금합니다.
· 잘못된 책은 바꾸어 드립니다.

KC 제품명: 신나는 열두 달 글쓰기 놀이 | 제조자명: 토토북 | 제조국명: 대한민국 | 전화: 02-332-6255
주소: 서울시 마포구 양화로11길 18, 3층(서교동, 원오빌딩) | 제조일: 2021년 8월 10일 | 사용연령: 8세 이상
* KC 인증 유형: 공급자 적합성 확인
* KC마크는 이 제품이 공통안전기준에 적합하였음을 의미합니다.
⚠ 주의 책의 모서리에 다치지 않게 주의하세요.